JN320484

Perfect
ビジネスコミュニケーション
超実践! これで仕事の達人になれる

荒巻 基文 著

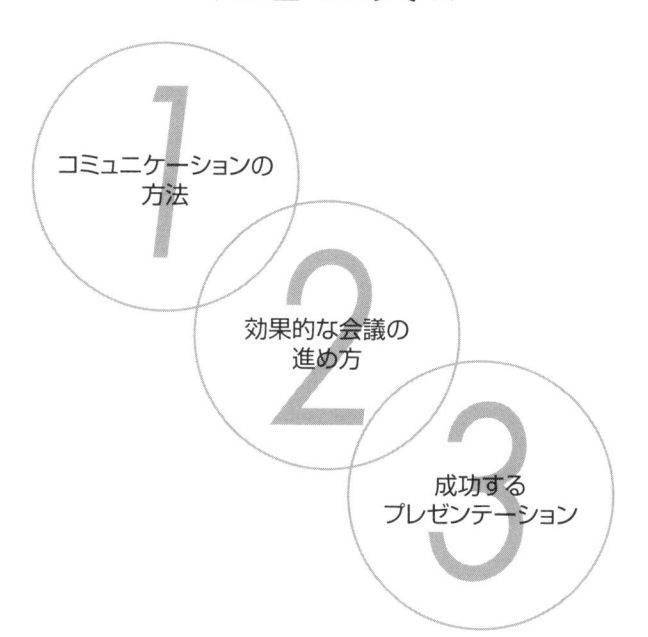

1. コミュニケーションの方法
2. 効果的な会議の進め方
3. 成功するプレゼンテーション

まえがき

　石原慎太郎氏が新聞のコラムで紹介していた、東京大学の福島智教授の話が感動的でした。五体満足で生まれた福島氏は3歳で一方の目の視力を失い、ついで両眼とも失明する。14歳で聴力が減退し、18歳で完全な聾唖者となる。ヘレンケラーのように物心がつく前に三重苦になったよりも、ある意味で過酷な状態といってもよいでしょう。福島氏は青春期という多感な時代に、徐々に光も音もない世界に追い込まれ、「まるで壺の中に閉じ込められたようだ」と述懐しています。それにも関わらず、彼はそこから立ち直り、大学の教授にまでなったのです。

　「人はパンのみにて生きるにあらず、ということをつくづく悟りました。私の場合は他人へのコミュニケーションです。閉じ込められた壺の中から外にいる他者とのつながりをどうとり戻すかでした」と、彼は言っています。そのコミュニケーションの手段を与えてくれたのは、彼の母親でした。点字で文字を読んでいた彼が聴力を失い困っているとき、母親は指で点字の組み合わせを相手の手にタッチしてメッセージを伝える「指点字」という伝達方法を思いつき、彼はついに外の世界への道をつけることができたのです。

　福島氏は、彼が障害者のために「指点字」を教えていた学校の受講生と結婚し、周りの心配を乗り越えて、お互いを高め合って結婚生活を送っています。福島氏にとっては、最愛の妻の顔を見たこともなければ、声を聞いたこともないのです。そんな夫婦の「指点字」によるコミュニケーションは、どれほど深い意味があることでしょう。人間というのは、極限状態においてさえ高みを目指し、協力して高め合うことのできる存在なのです。

コミュニケーションの方法というテーマで本書を書いてみて、五体満足な私たちが、いかに与えられた様々な器官を浪費し、十分活用することもなく、意思の疎通が図れないと嘆いていることか、猛烈な反省の念に駆られました。もっともっと、心身を研ぎ澄まし、コミュニケーションのメカニズムや手法を研究し、人間と人間が本来あるべき温かい関係を維持・発展させることに意識を向けるべきではないかと思うのです。

　本書では、「PartⅠ　1対1のコミュニケーション」において、コミュニケーションのメカニズム、聴き方・話し方の工夫、文化の違いを乗り越えるコミュニケーションのあり方、そして意志そのものである人間としての真のコミュニケーションのあり方に迫ってみました。平易な表現と身近な事例を使って、日常生活にすぐに応用できる技術を紹介していますが、コミュニケーションの本質にも、うがちいっていると思います。あらゆるビジネスパーソンにとって、対人コミュニケーションは、まさに必須中の必須。これがスムーズにできない限り、会社内で出世したり成功したりすることはあり得ません。
　「PartⅡ　集団によるコミュニケーション」では、会議の進め方を扱っています。ビジネスでは必ず発生する様々な会議。ここでは意思決定を目指す会議の進め方や司会の仕方、議論の進め方などを具体的な事例を使いながら、職場ですぐに活用できるようなフォーマット（形式）に落とし込んでいます。
　「PartⅢ　1対多のコミュニケーション」は、プレゼンテーションの方法です。今後ますます増えてくる、安心や安全など無形の付加価値を訴求するビジネスでは、自社の製品やサービスを、相手が納得できるように伝えることができなければ、発展の可能性が高まることは期待できません。プレゼンテーションの構成から、ビジュアルの作成、ボディ・ランゲージの活用まで、

最低限必要な、それでいてこれだけあれば十分な「成功するプレゼンテーション」の手法を紹介しています。

　本書のタイトル『Perfect「ビジネスコミュニケーション」』は、まさに"これだけあれば明日からの仕事に数倍の効果を生み出す"ための最良のエッセンスを集めたことでつけられたタイトルです。読者の皆さんが、心温まるコミュニケーションを通して、ますます発展されることをお祈りしています。

　挿絵やイラストは、親友の田中実・まりえ夫妻にお願いしました。いつもながら、優しく的確なタッチで作画してくださったことに感謝いたします。また、本書の出版にご尽力いただいた産業能率大学出版部の福岡達士さんに、心より感謝いたします。

　2009年3月吉日

荒 巻 基 文

もくじ

まえがき

Part I　1対1のコミュニケーション　　　*1*

第1章　コミュニケーションとは何か ……………………… 3
　　1　無人島で木が倒れた。音はするか　4
　　2　コミュニケーションのメカニズム　6
　　3　2つの理解　8
　　4　氷山のたとえ　11
　　5　ステレオタイプとは　13
　　6　コンテクスト理論　15
　　7　事実と解釈　19
　　8　キャッチボールとドッジボール　21
　　まとめの演習　22

第2章　聴き方の工夫 ……………………………………… 23
　　1　アクティブ・リスニング　24
　　2　言葉を使った聴き方　27
　　3　言葉以外を使った聴き方　29
　　4　心の中の階層　34
　　5　共感とは　42
　　6　質問のタイプ　50
　　まとめの演習　55

第3章　話し方の工夫 ……………………………………………… 57
  1 アサーティブ・コミュニケーションのプロセス *58*
  2 建設的対立の仕方 *63*
  3 Win-Winの方向を目指す *70*
  4 自尊心を高める話し方 *74*
 まとめの演習 *76*

第4章　文化の違いを超えるコミュニケーション …………… 77
  1 異文化間コミュニケーションとは *78*
  2 異なる価値観やスタイルの人との意思決定 *80*
  3 コンフリクト(衝突)にどう対応するか *82*
 まとめの演習 *87*

第5章　真のコミュニケーションを目指して ………………… 89
  1 人間としての真のコミュニケーション *90*
  2 想いの力、言葉の力、イメージの力 *95*
 まとめの演習 *99*

Part II　集団によるコミュニケーション *101*

第6章　会議とは何か ……………………………………………… 103
  1 会議とは何か *104*
  2 会議が失敗するとき *107*
  3 会議に臨む心がまえ *111*
 まとめの演習 *114*

もくじ　vii

第7章　会議の準備 …………………………………………… 115
　　　　1　会議開催に必要なこと　*116*
　　　　2　会議の目的設定　*120*
　　　　3　議題の作り方　*122*
　　　　4　会議開催案内の作り方　*124*
　　　　5　会議進行の準備　*127*
　　まとめの演習　*132*

第8章　司会者の役割 …………………………………………… 133
　　　　1　ファシリテーターとは　*134*
　　　　2　司会者の3つのステージ　*136*
　　　　3　議事進行の工夫　*138*
　　　　4　その他の工夫　*141*
　　　　5　アクションプランの作成法　*143*
　　まとめの演習　*146*

第9章　参加者の役割 …………………………………………… 147
　　　　1　会議に参加する者の責任　*148*
　　　　2　参加準備のポイント　*149*
　　　　3　参加後の仕事　*154*
　　まとめの演習　*156*

第10章　議論の仕方 …………………………………………… 157
　　　　1　討議のプロセス　*158*
　　　　2　協働的討議のステップ　*165*
　　　　3　議論の手法　*167*
　　　　4　困った参加者への対応法　*172*

まとめの演習　174

第11章　価値を生み出す会議 …………………………… 175
 1　会議の評価の仕方　176
 2　理想の会議で得られるもの　177
まとめの演習　180

Part III　1対多のコミュニケーション　181

第12章　プレゼンテーションの成功とは ……………… 183
 1　プレゼンテーションが成立するとき　184
 2　よい話のガイドライン　187
 3　プレゼンテーションの準備　190
 4　聞き手の聞きたいことが話すこと　194
まとめの演習　203

第13章　本論の構成 ……………………………………… 205
 1　メインポイントの3部構成　206
 2　主張・理由・具体例の3階層　208
 3　考えるデータと感じるデータ　210
 4　本論の全体像　212
まとめの演習　214

第14章　アウトライン構成 ……………………………… 215
 1　序論（つかみ）の流れ　216
 2　本論（ボディ）の詳細　221

           3　まとめ（落とし）の流れ　*223*
           4　Whole-Part-Whole の考え方　*225*
           5　質疑応答の仕方　*227*
       まとめの演習　*234*

第 15 章　視覚補助（ビジュアルエイズ）の活用 …………… *235*
           1　ビジュアルの意味　*236*
           2　ビジュアルの作り方　*238*
           3　ビジュアルの使い方　*241*
           4　様々なビジュアル提示の活用　*244*
       まとめの演習　*246*

第 16 章　デリバリー（話し方）のポイント ……………… *247*
           1　声の活用（Voice）　*248*
           2　顔（Face）　*251*
           3　体（Body）　*253*
           4　上がらないためのコツ　*255*
       まとめの演習　*257*

第 17 章　価値を生み出すプレゼンテーション …………… *259*
           1　ラポールとは　*260*
           2　自信を持ってさあプレゼン！　*262*
       まとめの演習　*264*

あとがき　*265*
参考書籍　*268*
索　　引　*269*

Part I

1対1 の
コミュニケーション

第1章 コミュニケーションとは何か

1　無人島で木が倒れた。音はするか

　P.F.ドラッカーの著書『プロフェッショナルの条件』の中に、禅の公案として「無人の山中で木が倒れたとき、音はするか」というのが紹介されています。皆さんの答えはYesかNo、どちらでしょうか。
　ドラッカーはこう言っています（169頁より引用）。
——「われわれは、答えがノーであることを知っている。確かに音波は発生する。だが、誰かが音を耳にしない限り、音はしない。音は知覚されることによって音となる。ここにいう音こそコミュニケーションである。」
　恋人同士が楽しいおしゃべり。レストランの外は車が行きかい、時には大型車がうなり声をあげて通り抜ける……。でも、恋人同士の耳には、車の騒音も、隣のテーブルで話し込んでいるおじさんの話し声も、聞こえていないのではないでしょうか。

　ビジネスの現場を見てみましょう。
　ある日の朝礼のことです。部長が月末の報告として次のように言いました。
「今月の売上げは前年同月対比で3％増でした」
　この情報を聞いた社員はどう受け取ったでしょうか。ある人は「売上げが増えたのだ、きっと社長も機嫌がよく、ひょっとしたら何かご褒美をいただけるかもしれないな。今夜あたり飲みに連れて行ってくれるかもしれない。そういえば先月はとっても忙しかったから、今月は、ちょっとゆっくり働こう」と考えたかもしれません。
　この社員の期待は"ほめてもらいたい。今月はゆっくり働きたい"というものでしょう。ところが、部長のメッセージを推測してみると「こんなに多額の開発費を投入してよい商品を売っているのに、前年対比3％くらいじゃ

ダメだ。もっと売上げが上がるはずなのに何をしている。ここで一気呵成に他社を引き離さなければ将来はない。来月は、必死の思いで頑張ってもらいたい」というものかもしれません。

このように、**表現された言動からだけでは相手の期待や要求を正確に汲み取ることは難しいのです。**

音は聞こえていても、その中でどの部分に反応し、メッセージとして受け止めるかは、聞く側の気持ち次第なのです。話す側も、発言した言葉のどこに一番言いたいことがあるのかはそのときの気持ち次第で、必ずしも話し手の気持ちと聞き手の気持ちが一致するとは限らないのです。

P.F.ドラッカーは『プロフェッショナルの条件』の中で、次のように続けています（要約）。

——**コミュニケーションとは知覚であり、期待であり、要求である。情報交換とは違う。**

すなわち、話し手は、話した言葉の中に、何らかの相手への要求を忍び込ませているわけです。それが、はっきりと「徹夜してでも頑張ってほしい」という表現にはなっていないかもしれません。また、聞き手は、話し手の言葉の中から、自分が聞きたいと思っているメッセージを選び取って、**聞くことを期待していることだけを選択的に聞いている**のです。

「情報交換とは違う」という部分については、発信された情報、すなわち事実や数値などは形式であって、それ自体に意味はないということです。**その情報にどういう意味を持たせるかは、話し手の心の中にあり、その情報からどんな意味を引き出すかは、聞き手の心の中で決まるのです。**

同じ事実や数字などを見ていても、違ったように理解していることは大変多いのです。コミュニケーションがなされたといっても、本当に意味のやり取りがなされたかどうかは保証の限りではないのです。まずは知覚した相手の言動から、その真意（期待と要求）を明らかにするという作業が必要になります。特にビジネスの現場では、上司や後輩との間、お客様や株主との間、

地域の人々との間など、それぞれ思惑の異なる人々と、それぞれ異なる期待と要求を明らかにしていかなければ、大きな成果は見込めません。

それではこれから、コミュニケーションとは何なのか、どのようにしたらよいコミュニケーションが取れるのか、様々な角度から検討していきましょう。

② コミュニケーションのメカニズム

スズメは朝起きて羽をつくろい、チーチーと鳴きながら仲間が近くにいることを確かめる。ライオンは空腹になったなら、ウオーと言いながら仲間と狩の段取りを話し合う。赤ちゃんは、オギャーオギャーと言いながら、ぬれたオムツを替えてほしいとせがむ。みな、何らかの方法で自分の意思を伝えようと工夫しています。

一般的にコミュニケーションとはどのように発生し、進行するのかを見てみましょう。

何かを伝えたいときには、何かしらの表現をしなければ伝わらない

記号化 → メッセージ → 解読

送り手が、ある「意味」を相手に伝えようとするとき、送り手は言葉以外にもジェスチャー、声の調子、顔の表情など様々な方法を使ってそのメッセージを記号化します。記号化された情報は、シンボルとなり、送り手のメッセージを受け手に運びます。受け手は、やはりジェスチャーや顔の表情など様々な手がかりをもとに記号の解読をします。

ちょっと難しい説明ですね。

簡単に言うと、何かを伝えたいときには、何らかの表現をしなければ伝わらないということです。"以心伝心"ただ心に思っただけで伝わるなら苦労はないのですが、人間だけでなく**あらゆる生き物はその意思を表現しなければ伝わらない**のです。

例えば、部長に「今夜の宴会の予算は1人いくらくらいと考えればいいでしょうか」と尋ねたところ、部長が、親指と人差し指を折り曲げて見せれば、それは「2（万円）」を意味します。おっと、日本では。

さて、ここで気をつけなければいけないことがあるのです。

親指と人差し指を折り曲げると「2」を意味すると考えたのは日本人だからですね。もし、受け手がアメリカ人だったら、「そうか、3（万円）までいいんだ」と理解したかもしれません。諸外国では通常、指で数を示すときには折り曲げた方ではなく、突き出ている方に意味を持たせるのです。

コミュニケーション論的に説明しましょう。

記号化された情報と解読された情報が同一であれば伝わる意味も同一なのですが、メッセージの送り手と受け手は、姿勢や表情、ジェスチャーだけでなく、発想の仕方や価値観まで異なっている可能性が大きいのですから、**記号化された意味と解読された意味に食い違いができてくる**のです。これは人間に生まれ育ちの違いや価値観の違い、すなわち個性の違いがある以上、やむを得ないことなのです。これを人は**誤解**と呼んでいます。

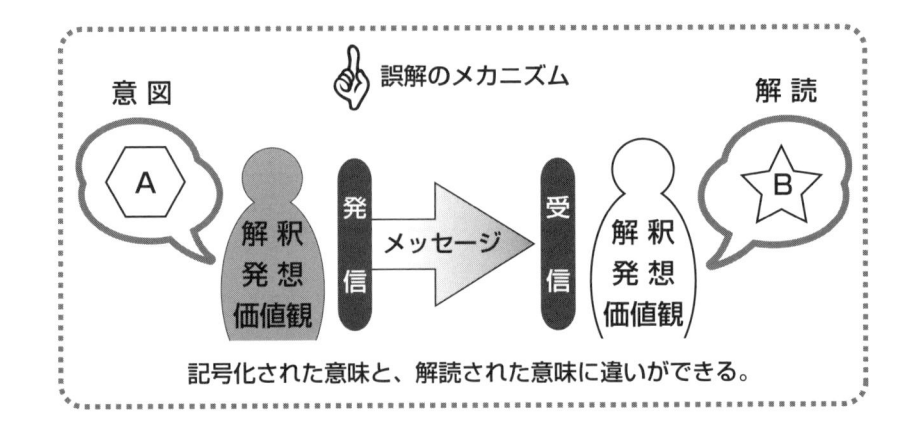

誤解のメカニズム

```
意図 [A] → 解釈・発想・価値観 → 発信 →[メッセージ]→ 受信 → 解釈・発想・価値観 → 解読 [B]
```

記号化された意味と、解読された意味に違いができる。

　期待と要求の話に戻りますが、人は自分の言いたいことを言うとき、自分の習慣や教育などの規範に合わせて発信します。聞き手はまた、相手から送られたメッセージを、自分の生まれ育った価値観や規範に合わせて理解します。お互いのバックグラウンドが異なるのですから、違った理解になることは仕方ないですね。

　部長が1人3（万円）までOKだと言っていると解釈した社員は、後で、請求書を見た部長にひどく叱られたことでしょう。「それは誤解だ！」と言っても、もう戻れないのです。

　では、誤解は避けて通れないのでしょうか。

3　2つの理解

　よく「事実は1つ、ありのままに伝えよ」と言われますが、それは実は非常に困難なことです。2人の人間がいれば、1つの事実についても異なる2つの見方があるからです。ある考えを発信者の意図通りに受信者が理解することは、あり得ないのです。それが誤解のメカニズムでしたね。

　私たちは常に「言ったつもり」なのに相手は「聞いていない」というよう

な状態が起こり得る危険性を承知しておく必要があるのです。共通の理解というものはあり得ない。**2人の人がいれば、どちらかが常に「誤解」する**のです。

しかし、しかし、それでは人間は未来永劫ずっと誤解とともに歩まなければなりません。

昔、同時通訳の創始者とも言われる西山千という方が、『新・誤解と理解』という本の中で、このような趣旨のことを言われました。

――コミュニケーションにおいては「誤解」という言葉はない。「2つの理解」があるだけだ。

1. 理解と誤解？

相手が何らかのメッセージを受け止めたとすれば、それが発信者の期待と要求に合っているかどうかは別として、受け手の「理解」であり、誤解と呼ぶべきではないのです。

相手が「誤解」していると思うと、あなたの次の行動や考えはどうなりますか。

きっと、"私のことを嫌っているのではないか。だから、悪く思っているのだろう。気をつけて、できるだけ近づかないようにしておこう" などと考えるのではないでしょうか。そして、実際あまり話もせず、距離を置いて付き合い、お互いがハラの探り合いをしつつ、警戒心を持って付き合っていくというような、残念な未来が見えてきます。

ここで、考えたいのです。

相手があなたの発したメッセージに対して異なる理解をしたとしても、それは本当に誤解でしょうか。相手は相手の理解の仕方で理解をしただけで、誤解しようとしていたわけではありませんね。これが西山氏の言う「2つの理解」です。

そもそも、**2人が見ている事実の見え方が異なっている**のかもしれません。あなたは"丸いものだね"と言っているのに、相手は"いや四角いよ"と言うかもしれません。明らかに誤解だ。相手が間違っている。と思えば、それで終わりで、その後の話し合いもあり得ません。

しかし、2つの理解があり得ると思えば、"どうしてそう見えたの？"と冷静に質問して確かめるという行動に出るのではないでしょうか。

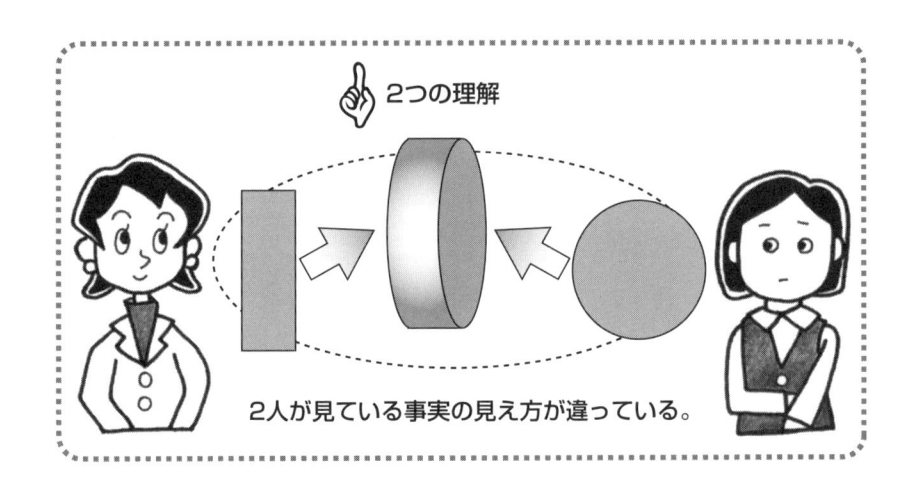

☞ 2つの理解

2人が見ている事実の見え方が違っている。

たとえ同じものを見ていることが明らかでも、その捉え方が違っているかもしれません。あなたは"今度入社した新人さんは、耳にピアスをしているよ"。同僚は"そうだね。耳に金のピアスだね"と言って同じものを見ていることが明らかでも、あなたは"ビジネスにピアスなんて、けしからん。よくない社員だ"と思っているかもしれません。同僚は"これからの時代を担っていく個性豊かな社員だろう。自己主張ができる立派な社員だ"と思っているかもしれません。

やはり、お互いの思惑を確かめる必要があるのですね。では、「2つの理解」が発生する理由を、もう少し詳しく見てみましょう。

④ 氷山のたとえ

人間の姿を氷山にたとえて説明することがよくあります。

私たちが日頃表現する言葉や行動、服装や髪型など外から見える部分が、氷山で言えば水面の上に見えている部分です。氷山は、実は10分の9は水面下に隠れているのです。この部分が氷山の水面上の姿を支えているのです。

☞「見える文化」と「見えない文化」

見える文化
▼
観察できる

言葉や行動
言葉、あいさつ、
視線、ジェスチャー
……

見えない文化
▼
観察できない

態度や考え方
思考・感情・願望

人間関係のパターン
フィードバックの仕方
問題解決の取り組み
意思決定の方法
リーダーシップ
感情の処理の仕方
……

では、水面下の部分には何が入っているのでしょうか。

国家がそれぞれの文化を持ち、その表れが芸術や芸能、生活習慣に表現されているように、**人はそれぞれが１つの文化を持っている**と考えられます。独自の文化が表に表れたのが言葉や行動です。そして国家が、その文化を作り上げるのに何百年もの歴史を経てきたように、個人もまた、その文化を培うのに何十年もの歳月をかけてきたのです。その個人の歴史が「見えない文化」の部分に詰まっているのです。

お辞儀をするという行動を見て、「礼儀正しい人だ」と感じる理解と、「よそよそしい人だ」と感じる理解、すなわち２つの理解が生じたとすれば、お互いが持つ見えない文化、すなわち、家庭環境や教育など個人の歴史という見えない文化に影響されて、そのような理解が生まれたということです。

「見えない文化」には、どのようなものが詰まっているのでしょうか。

そこには、その人の言動に影響を与える思考、感情、願望などが入っています。これらにより、かくあるべしと考える思考の方向、何に気持ちがよいとか悪いとか感じるのか、人生に対して何を望むのかなどが決められるのです。

また、具体的には生きていく上で様々な判断をするための規範が入っています。例えば、距離を置くのかオープンに付き合うのか人間関係をどのように保つかという規範。よいことよくないことに対して、どのようにフィードバックを与えるのか。問題が生じたときに、どのようなステップで解決に当たるのか。意思決定をするときの方法、人を導くときのリーダーシップの発揮の仕方。人に対して感情をどの程度、どのように表現するのがよいかという感情表現の仕方など、言動を規定する様々な態度・考え方が詰まっているのです。

したがって、**同じものを見聞きしても、異なる理解や言動を起こすのは当然の結果**なのです。

では、この「見えない文化」があることで、私たちのものの見方にどのような影響が生まれるのでしょうか。

5 ステレオタイプとは

　ステレオタイプとは、「限定的な接触・知識や間接的な情報に基づき、特定の人々や文化に対して価値判断すること」と説明されています。

　表現が難しいですね。ステレオタイプでものを見るということは、要するに、よく調べたり見聞きしたりせず、「○○は××だ」などと決めつける態度のことを言います。固定観念とも言います。

　氷山の水面下にある文化をよく知ることは時間もかかるし困難なので、氷山の水面上に出ているものを見て、「○○さんは××なんだよ」と決めつけるのです。

　よく見受けるのは、国に対する固定観念です。

　「△△人はお金に汚い」「◇◇人は従順だ」の類です。

　有名なジョークがあります。ある客船が氷山に激突し、難破するというとき、女性や老人・子供をまずボートに乗せ、男性は自力で泳げ、と船長からの命令が出ました。世界中の国の人たちが乗っている船だったので、船長はその国の文化に合った指示の出し方を工夫しました。

アメリカ人に対して：「さあ飛び込め。そしたら君はヒーローだ」
　＊アメリカ人の男性は、英雄気取り。
ドイツ人に対して：「さあ飛び込め。これは命令だ」
　＊ドイツ人は規則に弱い。
イギリス人に対して：「さあ飛び込め。君たちはジェントルマンだろう」
　＊イギリスはレディーファーストで、紳士の国。
イタリア人に対して：「さあ飛び込め。そしたら女性にもてるぞ」
　＊イタリア人の男性はとにかく女性が大好き。
フランス人に対して：「おっと、飛び込んではいけないよ」

＊フランス人は議論好きで、必ず相手の言うことと反対のことをする。日本人に対して：「さあ飛び込め。みんなそうしているのだから」

＊赤信号、みんなで渡れば怖くないという集団主義の日本人ですから。

これはジョークですが、**単純化して類型化した見方をすることをステレオタイプで見る**と言うのです。

他にステレオタイプで見てしまう例として、出身地（九州男児は酒が強いなど）、血液型（A型は従順など）、性別（女性は論理的な思考ができないなど）、体型（太っている人は管理職に向かないなど）、様々な場面で根拠のないステレオタイプ的な見方をしているものです。

ステレオタイプを日本語で言うことは難しいですが、よく似た概念を挙げてみましょう。

［思い込み］

紋切り型で、広く一般的に言われている観念を鵜呑みにして信じること。

［固定観念］

思い込みが固まり、ある特定の観念にこだわり、反論や新事実などを出されても容易に考えを変えないこと。

［先入観］

まだ経験していないことなのに、根拠のない思い込みや憶測、限られた情報などである観念を信じてしまうこと。

［偏見］

固定観念や先入観などが一面的で、時として悪意を持って類型化してしまうこと。会社でも、「秘書は社長のめかけと同じ」などという見方は偏見と言えます。

私たちが、氷山の水面上の部分だけを垣間見て、水面下を憶測してステレオタイプ的に見ることが危険を生み出すのです。なぜなら、その憶測は往々

にして自分の都合に合わせてしまうからです。**ステレオタイプ化することで、過度に単純化された見方で、誤った認識や評価を下す危険性がある**のです。心理学では、次のように言われます。

　私たちは「**直接見たものを信じるのではなく、自分が信じているものを見ようとする**」のです。

　では、ステレオタイプ的な見方を避けるためには、どうすればよいのでしょうか。

　類型化（ステレオタイプ化）と対比される考え方に、「一般化」（ジェネライゼーション）というのがあります。これは、いくつかの、あるいは多くに状況において共通する性質を、調査などを通してある概念にまとめたもののことです。単純化して先入観を持つかわりに、様々な情報を多角的に検討してある一般的な傾向をつかむので、間違った固定観念に陥ることを防いでくれます。

　要するに、**何かについて理解をするためには、よく見聞きして調査してから判断すべきである**ということです。そうすれば、「2つの理解」のギャップも小さくすることができるでしょう。

　氷山の水面下にある「見えない文化」は、結構厄介なものです。もう少し、見えない文化に対する対応法について考えてみましょう。

６ コンテクスト理論

　E.T.ホールが"Beyond Culture"（Anchor Press）で発表したコンテクスト理論は衝撃的に受け入れられ、文化の摩擦を改善するためのツール（道具）として広く応用されています。

　コンテクスト理論を一言で言うと「**意味の理解は表現された情報量と、共有するコンテクストの総和によりなされる**」というものです。もう少し詳しく説明しましょう。

コンテクストとは、表現されなかったけれど理解された意味、すなわち文化、察し、発想、価値観などを総称したもの＝文脈のことです。

コミュニケーションとはすでに共有されたコンテクストと、新たに与えられた情報とを総合して、ある意味に到達することと考えます。A、B二者間に共有されたコンテクストが多い場合（High Context）は、表現された情報量は少なくても意味の理解ができますが、二者間に共有する文化、価値観、認識が少なければ（Low Context）、情報量（言葉数、説明など）を多くしなければ意味の理解が難しいという関係になっています。

関係を図示してみましょう。

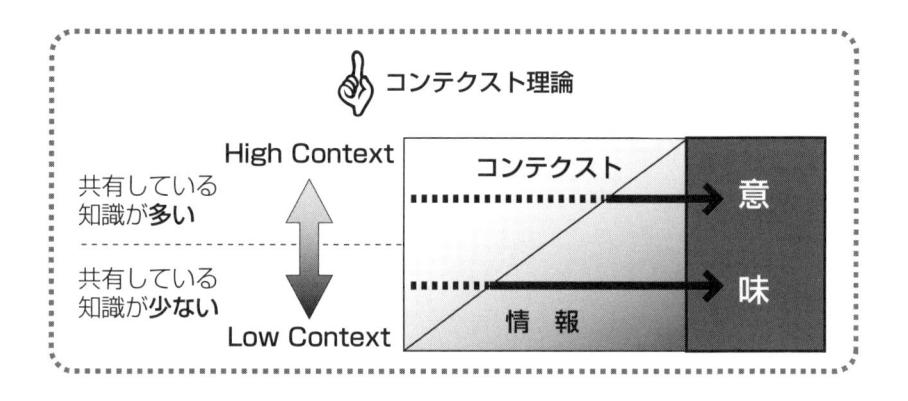

コンテクスト理論

共有している知識が**多い** — High Context
共有している知識が**少ない** — Low Context

コンテクスト／情報 → 意味

日本人同士、あるいは同じ家族、会社の同じ部署などでは、言葉にしなくても理解していることがかなりあると思われます。例えば「そろそろお願いします」と家庭で夫が夕方に言えば、「晩酌の用意をしてほしいのでお願いします」という意味かもしれません。会社の部署内で課長が言えば、「今日の営業報告をしてほしいのでお願いします」という意味かもしれません。その場所、時間、人間関係などに応じて、言葉にしなくても理解していることがあるのです。これをコンテクストと呼ぶのです。

表現されなくても共有している知識が多い関係を、ハイコンテクスト（High Context）の関係と言います。逆に、表現されなくても共有している知識が少ない関係を、ローコンテクスト（Low Context）の関係と言います。

ローコンテクストにも関わらず、表現された情報が不足しているとどのようなことが起こるか、実際の例で見てみましょう。

私が会社勤めをしていたとき、部下にアメリカ人でチャーリー君という男性がいました。日本語専攻で言葉は流暢なのですが、日本で仕事をするのは初めてで、ビジネスのことはほとんど知りません。

あるとき、チャーリーがお得意様の会社に電話をしました。担当の鈴木課長と話がしたかったのです。そこで彼は電話口でこう言いました。

「〇〇社ですか。鈴木課長お願いします」

相手の会社で電話を取った女性が返答します。

「課長の鈴木でございますね。失礼ですが……」

当然でしょう。チャーリーは自分の名前を名乗らなかったのですから。しかしチャーリーは、「**失礼ですが……**」という表現が、「**失礼ですが、お名前をお聞かせいただけますか**」ということを意味しているとは理解できなかったのです。コンテクストができていなかったわけですね。ローコンテクストです。そこで「**失礼ですが**」という言葉を言葉の意味の通りにしか解釈できなかったチャーリーは、「**どうしましたか。何か問題でもありましたか**」と返事をしました。相手の女性は戸惑って「**誠に失礼なのですが……**」と、なおも名前を求めています。チャーリーは、まだ理解できず「**何か悪いことでもしましたか**」などとトンチンカンな応対をしています。

日本のビジネスマナーでは、「（鈴木課長と指名したくらいのお客様ですから、声だけでお宅様がどなたか判断できるべきなのですが、間違えると申し訳ないので念のため）**失礼ですが、**（お名前をお聞かせいただけますか）」というような意味を含めて「**失礼ですが**」だけを発するのです。

チャーリー君にとっては、日本でのビジネスはまだローコンテクストだったのです。

国でも家庭でも個人の文化でも同じですが、文化の異なる2人が付き合い始めたときは、通常ローコンテクストの間柄です。表現された言葉や動作を勝手に解釈せず、確認したり質問したりして、意味の違いを小さくする努力が必要でしょう。

逆にハイコンテクストの関係で共通認識がたくさんできているのに、わかりきったことを長々と話すと「くどい」と言われかねません。

2人の人間が発展的にコミュニケーションを図っていくということは、この**コンテクストを増やしていく過程**でもあるのです。また、現在、相手との距離がどのあたりかを見極めて、コミュニケーションの量と質をコントロールすることも必要なのです。

7 事実と解釈

　コンテクスト理論から、表現された情報だけから意味を汲み取ろうとすると、不十分であったり間違ったりすることがあるということがわかりました。それでも最初は、表現された情報を見るしか判断する手立てはありません。よく、事実を正しく見て判断しなさいと言いますが、実は、私たちは、事実からすぐに判断・評価をしているのではありません。ほとんどの場合、評価は、自分が見ている事実をどう解釈しているかによりなされているのです。

　私たちは、ものを見るとき、**事実と解釈、よし悪しの判断を「だんご」にして見ている**のです。例えば、誰かがこう言いました。
　「今度来た営業に配属された〇〇さん、どうも時間にルーズで他の社員の手前、よくないよね」
　同僚が質問します。
　「ほんと？何でそう思うの？」
　すると返事をしてこう言います。
　「**だって、事実だもん。俺、毎日見てんだよ。朝はよく遅れてくるしさ**」
　ここで、「今度来た営業に配属された〇〇さん、どうも時間にルーズで他の社員の手前、よくないよね」という発言を分析してみましょう。
　"どうも時間にルーズで"というのは事実でしょうか。
　"他の社員の手前、よくないよね"というのは、評価している表現です。
　"時間にルーズ"という表現は、事実のようで事実そのものではありません。何か具体的な行為があって、観察している人がそれをルーズと解釈したのです。朝、出社が遅れるという事実らしきことは後で発言されていますが。
　すなわち、「〇〇さん、どうも時間にルーズで他の社員の手前、よくないよね」という発言には、事実が述べられていないのです。解釈と評価だけで

す。事実を述べるなら、「○○さんは、先週5日間のうち、月と水の2回、始業時間より5分遅れて出社した」というような記述が必要です。**事実とは、物事を描写的にしかも定量的に数字で表せるようなものを言うのです。**

　前述のチャーリー君の行動で、問題になったことがありました。
　あるとき会議で、山本課長がある提案をしたとき、チャーリーは即座に例を3つ挙げて、山本課長の提案に反論したのです。
　「私はそうは思いません。なぜなら理由が3つあります。1つは……」
　これは事実ですね。しかし、この言動を見ていたAさんとBさんは、異なる解釈をしました。
　A：上司に対して、即刻反論するなんて、よっぽど課長に反抗心を持っているのだろう。
　B：議論を活性化して、よりよい案にするために、率先して討議の促進役を買って出ているのだろう。
　さて、同じ言動を見ていても解釈は随分違います。問題なのは、評価は解釈から出てくるということです。事実そのものからは解釈は生まれません。
　Aさんが、「よっぽど課長に反抗心を持っているのだろう」と解釈したのなら、Aさんのチャーリーに対する評価は、**「和を乱すよくない社員だ」**と言うことになるでしょう。「率先して討議の促進役を買って出ているのだろう」と解釈したBさんの評価は、**「会社の発展に貢献するよい社員だ」**と言うことになると思います。

　このように、**同じ事実を見ていても、それをどう解釈するかによって、評価判断は180度変わる可能性がある**のです。
　新しく人間関係を作るときなど、ローコンテクストの間柄だと感じたら特に、よく事実を集め、できるだけ検証しながら解釈し、その上でよし悪しの判断をするよう心がける必要があるでしょう。

⑧ キャッチボールとドッジボール

　ここまで、コミュニケーションの基本的な考え方を見てきました。職場や交友関係で、どのように考えてコミュニケーションを取ったらよいか、その背景が理解できたでしょうか。

　なぜ、職場でのコミュニケーションはそれほど大切なのでしょうか。第1章を閉じるにあたり、コミュニケーションの重要性を再確認しておきます。

　あらゆる仕事は、1人だけでできるものはありません。ビジネスの世界では、人と人が支え合い、支援し合って成果を上げていくものなのです。そのためにコミュニケーションは必要欠くべからざる要素なのです。

　忙しい仕事の中でコミュニケーションを取るとき注意しなければならないのは、**相手が受け取りやすい発信をする**ことです。受け取れないボールを投げたら相手は困るでしょう。ボールがそれて拾いに走らなければならないかもしれません。ボールが届かず、理解できないかもしれません。ボールは届いたが、剛速球すぎて、相手の手をはじき、体を痛めるかもしれません。

　コミュニケーションはキャッチボールです。相手が受け取る準備ができていることを確かめ、相手にとって受け取りやすいところにボールを投げて、また返球してもらう、その繰り返しです。

　悪いコミュニケーションは、ドッジボールになっています。相手の取れなさそうなところにボールを投げ、相手をめがけて厳しいボールをぶつけてやっつける。返球するのではなく、頭を超えて別のところにボールが投げられる。そんなやり取りでは、よいコミュニケーションはできません。

　相手がいることに**心から感謝**をして、相手にとって理解しやすい発信を心がけましょう。受け取る側も、努力して理解し、コンテクストを高めながら、よりよい人間関係を作ろうという思いでコミュニケーションを図ってほしいと思います。

まとめの演習

『2つの理解』

2人の新入社員が、ある事実を目の当たりにしました。質素で厳しい家庭に育ったAさんと、自由で裕福な家庭に育ったBさんです。Aさんは、大学では奨学金で生活し、食事もつつましく、勉強熱心に生活してきました。Bさんは、ヨット部に入り、勉強はそこそこで、交友関係や見聞を広げることに熱心な大学生活を送りました。

今夜は新入社員歓迎会があります。夕方専務がオフィスに来てみんなに言いました。

「今夜は、パッと派手にやろう。食べ放題、飲み放題、騒ぎ放題だ。大いに楽しんでくれたまえ」

これを聞いたAさんとBさんの理解はどうでしょうか。

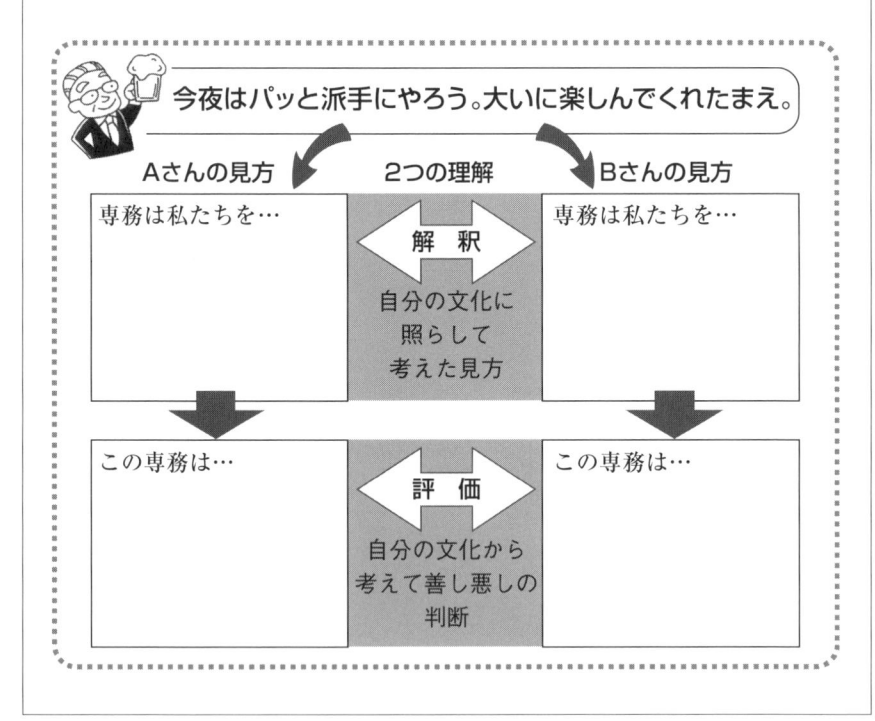

今夜はパッと派手にやろう。大いに楽しんでくれたまえ。

Aさんの見方	2つの理解	Bさんの見方
専務は私たちを…	⇔ 解 釈 自分の文化に照らして考えた見方	専務は私たちを…
この専務は…	⇔ 評 価 自分の文化から考えて善し悪しの判断	この専務は…

第2章

聴き方の工夫

1 アクティブ・リスニング

　ここまででコミュニケーションの大切さ、そのメカニズムがわかりましたね。それでは、具体的にどのようにコミュニケーションを取っていけばよいのでしょう。まず、相手の言うことをしっかり聴く方法について説明します。

　学ぶテーマは、アクティブ・リスニングです。日本語では「積極的傾聴」と言っています。単に熱心に聞くというような行動ではありません。氷山の水面下、すなわちコンテクストを読み、相手が表現した情報の真の意味を汲み取るために、積極的に耳を傾けるということです。

　中国系アメリカ人の女流作家エィミ・タンが書いた『ジョイ・ラック・クラブ』という本の中に、次のような場面があります。中国系アメリカ人のウェバリー・ジョンという女性が、再婚しようとしている相手のアメリカ人リッチを実家に招待し、一緒に夕食を食べるという場面です。ウェバリーが大失敗に終わった食事会を述懐してこう言っています（224頁より引用）。

　でも一番ひどかったのは、リッチが母の料理をそれと気づかずに批判したことだった。中華料理の作り手の常として、母はいつも自分の料理に自信がないそぶりをしてみせる。その夜は、母が特別なプライドを持ってテーブルに載せる自信作の、蒸し豚と漬物の一皿がやり玉に上った。

　「アイ！ちょっと塩が足りなかったわ、香もないしねえ」一口味わってから母が言った。

　「とても口に合わないでしょう」

　これはみんな一口食べて絶賛すべし、という家族の暗黙のサインだった。だが、みんながそうする前にリッチが言った。

> 「ほんの少しソイ・ソース（醤油：著者注釈）を垂らせばいいだけですよ」と。そして彼は、ぞっとして見守る母の目の前で、その皿に黒くて塩辛い液体をたっぷり振りかけたのだ。

　この場面では、ウェバリーの実家におけるコミュニケーションの解釈ルールをリッチが知らずに、リッチ自身の行動ルールを当てはめて、ウェバリーの母親の気分を害してしまったのです。

　リッチは「ちょっと塩が足りなかった」というウェバリーの母親の言葉を額面通りに受け止めて、それが謙遜であることなど想像もつかず、母親の「失敗」をたいしたことでないということを示そうと、「ほんの少し醤油を垂らす」という行動に出たのです。

　実際には、母親の謙遜の一言を聞いて、それをサインとして「絶賛する」という行動が期待されていたのです。ウェバリーの母親としては、「あなたの料理は醤油をかけなければならないほどまずい」と侮辱されたばかりか、自慢の料理をリッチが醤油をかけることで台無しにされたのです。この後、結婚話がどうなったかは想像に難くないと思います。

　問題はリッチが、自分の犯した問題に最後まで気づかないということなのです。このような場面でも、言葉の適切性を察知し、確認し、修正していくことは可能でしょう。後で述べる、顔の表情が戸惑いを表しているなど、非言語要素に着目することもできたはずです。

　言語は文化そのものだと述べましたが、私たちは当然と思っていることでも文化によっては異なる場合が多々あります。例えば、イギリスの労働者階級では、朝食はbreakfast、昼食をdinner、夕食をteaまたはlunchと言うことがあります。夕食を一番メインの食事と捉えている者にとって、teaと聞けば3時のおやつを思い浮かべるでしょう。また、家庭によっても夕食の作法やあいさつの仕方など、生まれ育ちによりある特定の言葉に対する意味づけは異なってくるものです。にも関わらず同じ言語を使用するわけですから、

相手の真意を汲み取り、確かめる作業が重要になってくるのです。

　コミュニケーションには、大きく2つの側面がありあます。1つは**効果的であるかどうか**という側面、もう1つは**適切であるかどうか**という側面です。普通私たちは効果的に伝えようとして意味の正確さ、論理の明快さなどを求めます。
　「ほんの少し醤油を垂らすといい」と、どのような場合に何をどうすればいいのかをはっきり言えることは効果的であるということです。用語の選別や文法、文体などが問題となります。ところが、文章そのものは効果的でも、ある場面では不適切なこともあります。適切性には、文化の要素が多分に含まれてきます。言語というものは文化の一部ですから、無視しては考えられないのです。

　そこで、アクティブ・リスニングという手法をしっかり身につけることが必要になってきます。アクティブ・リスニングの定義を述べておきましょう。

> 　アクティブ・リスニングとは、相手の言葉／非言語メッセージを注意深く読み取り、理解することです。そうするにはまず、相手の言葉を自分の立場で評価しないで、相手の立場に自分を置き、その人の視点から物事を見ようと努力することです。
> 　アクティブ・リスニングはこうした読み取りの努力に加え、聞き手が自分は話し手のことを聴いている、理解しているということ、また話し手の気持ちを受け止めているということを、話し手に対し積極的に伝えていくことです。

　アクティブ・リスニングは、以下の理由から人間関係において相互理解を促進し、Win-Winの関係を構築していく上で役立ちます。

1. 聞き手は、自分の理解の度合いを話し手に伝えることができる。
2. 聞き手は、自分の理解が正しいかどうか確認できる。
3. 話し手は、自分の言いたいこと・考えをまとめ、よりわかりやすく表現することができる。
4. 話し手は、自分の話の方向づけを明確にすることができる。
5. 聞き手は、相手の真意や気持ちを理解することができる。
6. 双方の思い込みや意図を明確にし、協力関係を作ることができる。

聴く側だけでなく、話す側にも役に立つアクティブ・リスニングですね。

❷ 言葉を使った聴き方

アクティブ・リスニングをどのように実践すればよいのか、詳しく見ていきましょう。

まずは、言語を使ってどのように相手の意味や感情を汲み取るか、5つの具体的なスキルを見てみたいと思います。

表2-1　言語スキルの内容・表現例

言語スキル	内容・表現例
1. あいづち	相手に興味を示す。断定的なコメントを避け、相手がもっと話したくなるような言葉を使う。
2. 質　　問	5W1Hの事実に関する質問の他、相手の意図を明確にするような質問や、例を引き出すような質問、もっと具体的に知りたいというような質問をする。
3. 確　　認	相手の言ったことを正しく聞き取ったかを確認するような表現（繰り返し、言いかえなど）。間違いなく理解したかを明確化するための確認表現。自分の主張でなく、相手の言い分をありのままに聞き取りたいという態度で話す。

言語スキル	内容・表現例
4. 共　　感	相手の感情を相手の立場で理解しようとしていることを示す。反復により、気持ちを聞き取ったことを伝える。表情を豊かにして自分の気持ち（フィードバック）を伝える。ただし、安易な同情やアドバイスなどはしない。
5. 要　　約	要点をまとめ確認する。理解した中心概念が間違っていないかを確認する。

それぞれのスキルの表現例を挙げておきましょう。

1. あいづち：「なるほど」「そうなんですか」「わかります」「ええ」「そうですよね」「はい」
2. 質　　問：「それは、どういうことですか」「どうしてそういう風に思われたんですか」「例えば、何ですか」「他には？」「どう感じているんですか」「何がしたいんですか」「何が一番嫌なんですか」
3. 確　　認：「ということは、～ということですね」「～というわけですか」「こういうところがよくないって思っているんですね」「AよりもBの方が好き、大切なんですね」
4. 共　　感：「わかります、その気持ち」「本当にそうですよね」「～なんですね」「～ということですね」「～ですか」「～と感じているのですね」「本当に～でしたね」「わー、そうですか！」「すごいですねー」
5. 要　　約：「一番おっしゃりたいことは、～ということですね」「言いかえるとこういうことでしょうか。はじめが～で、次は～ということでよろしいですか」

これらの表現を、意識的に会話の中で使ってみてください。

相手が何か言ったら、まず「**あいづち**」で"聞いているよ"というサインを送ります。関心を示したら、何か「**質問**」をしたくなるでしょう。質問したら、大抵は何らかの答えをしてくれるはずです。答えをしてくれたら、反論や否定をしないで、"答えの内容を受け止めたよ"と知らせるために「**確認**」をします。相手の発言の中に、気持ちに関わる表現があったら、それはより深い内面に入るチャンスです。"その気持ちを受け止めたよ"というしるしに「**共感**」の言葉を与えます。そして、ある程度のまとまりができたら、「**要約**」でポイントを整理します。

このような流れで話を進めれば、相手の言いたいことをしっかり引き出し、聞き取り、本音に迫ることができるでしょう。

❸ 言葉以外を使った聴き方

前述のリッチの例を思い出してください。言語も正確であることの他に、適切性が求められることがわかりました。しかし、例えばリッチが母親の謙遜の言葉に対して「これは素晴らしい料理です。今まで食べたものの中で最高です」と正しく、しかも適切な言葉を使用したとしても、それだけで十分コミュニケーションが取れるわけではありません。言語以外の要素をマネージできなければ、意図した通りのメッセージを伝えることはできないのです。非言語要素には音声を伴うものと伴わないものがありますが、言語に勝るとも劣らず大きな役割があります。

1. 非言語要素の役割

①**言語メッセージの代用**
　例えば、服装や髪型などで相手との立場を明確にする場合などです。
②**言語メッセージを補強する**
　例えば、「この<u>ずっと</u>先を右に曲がります」と言うとき、手をどのくらい

伸ばすか、"ずっと"という言葉にどのくらい力を入れ時間をかけるかなどにより、意味を補強できます。

③メッセージの意味を変えたり、否定したりする

　例えば、「どうぞごゆっくりしてください」という言葉の言い方、顔の表情で、聞き手は「これは早く帰らなければならないな」というメッセージを受け取ることもあります。

④コミュニケーションを調節する

　例えば、相手が話しているときにうなずいたり、視線を投げかけたりすることで、聞いているというメッセージを伝えたり、発言の語尾を長く伸ばして相手を見つめることで、相手に発言をしてほしいというメッセージを伝えたりすることができます。

⑤関係を明らかにする

　通常、地位の高い者、会話の主導権を握っている者の方がリラックスしており、ペースも緩やかになります。地位の低い方は、相対的に固い姿勢になるなどです。

⑥言語では言いにくいことを表現する

　例えば、忙しいときに声をかけられた場合、立ち止まらないとか、表情を険しくするとか、などにより話したくないというメッセージを伝えることができます。

　ここで、非言語要素を２つのスキル領域に分けて説明しましょう。１つは咳払いなど非言語で音声を使ったコミュニケーションです。これを準言語と言います。もう１つはジェスチャーなど非言語で音声を伴わないコミュニケーションです。これをいわゆる非言語スキルと呼びます。

2.　準言語スキル

　言語ではないが音を伴うものとして、声の高さ、強勢（ストレス）、速さ

(テンポ)、リズムなどがあります。また、直接言葉とは関係はないのですが、相手への印象に影響を与えるものとして、声の質（かすれ声、キーキー声など）、高さ（頭声、胸声など）、音量（大声、小声など）、話し方（流れるような話し方、途切れがちなど）があります。次の3つに大別しましょう。

表2-2　準言語スキルの内容

準言語スキル	内　　　容
1. 声の調子	腹式呼吸でお腹から声を出す方が、安定して落ち着いた雰囲気を出せる。はっきりとやや大きめの声で話すことで伝わりやすくなる。
2. 声にエネルギーを入れる	メリハリをつけて、大切な言葉は強調する。感情を表す言葉には、その感情に合った声の表情をつける。
3. 間、呼吸、スピードなど	普段よりゆっくり話すことで、リラックスしていることを示す。呼吸を大きめにとり、話し方が相手の速度より速くならないように調節することで安定感を出すことができる。

3. 非言語スキル

最後に、非言語で音声を伴わない場合です。大きく分けて①外見的なメッセージ、②相手との接触によるメッセージ、③身体動作によるメッセージ、④においのメッセージ、⑤時間のメッセージ、⑥空間のメッセージがあります。

①外見的なメッセージ

衣服やアクセサリー、顔つき・体つき、視線、肌の色などのことで、警察官の制服を着た人の前では固くなるとか、見た目から美意識や好き嫌いなどの感覚を受け取るということです。

②相手との接触によるメッセージ

　頭や肩などを軽くたたく、握手する・肩をゆする、キスをする、手をつなぐ、抱きしめるなどによるメッセージです。親しみや愛情、地位の高低などを察知することができます。

③身体動作によるメッセージ

　主にジェスチャーのことを指します。ジェスチャーにより、指でお金のサインをするなど意味を補強したり、顔つきで感情を表現したりできます。視線も身体動作の一部として捉えることもあります。目を見ることが親しみや信頼を表す文化もあれば、凝視することが失礼な行為とみなされる文化もあります。

④においのメッセージ

　五感の中でも原始的なものと言われています。においにより縄張り意識・同属意識や好き嫌いを直感的に表すことがあります。近年は、においの少ない方がよいような風潮がありますが、アラブ諸国では、いいにおいのする女性に惹かれるらしく、男性が花嫁を選ぶのに「あまりいいにおいがしない」と言って断ることができるそうです。

⑤時間のメッセージ

　スケジュールや計画を重視し、他人の邪魔をしない、プライバシーを大切にするタイプの文化と、時間は人間関係によって伸縮し、融通がきく、計画はあくまで予定であり、人との時間・場の共有の方が優先するというタイプの文化があります。

⑥空間のメッセージ

　安全で安心できる対人距離も文化により異なります。また、個人的に親しいかどうかでも距離は変わってきます。

　「目は口ほどにモノを言い」などと言いますが、非言語メッセージは、様々な意味を伝え、また読み取るのに大変重要な要素です。次にスキルとしての

非言語要素のマネジメントを考えてみましょう。

4. 非言語要素の5つのスキル

非言語スキルというと、すぐにジェスチャーを思い浮かべる人が多いと思います。詳しく分けると、次の5つのスキルに分類できます。

表2-3　非言語スキルの種類と内容

非言語スキル	内容
1. 視　線	落ち着いた、温かい視線を相手の目に与える。ただし、あまりじろじろ睨みつけないこと。相手に負担のようなら、額あたりを見る。目線の高さを合わせる。
2. うなずき	関心、理解、同意、共感などを示す。 積極的に聴いているというサイン。理解、同意、共感などに合わせて首を動かす。
3. 姿　勢	リラックスした前向きな姿勢、イスの位置、距離など落ち着いた座り方で聴く。積極的に聴いているという姿勢を示すには、やや前傾姿勢をとる。
4. 顔の表情、位置など	感情と言葉と表情が一致するように。相手の感情にも合わせる。話すときは、適切な距離をとって話す。
5. 身振り・手振り	話の内容と動作が一致するように。理解を助ける動作、感情の表現を助けるジェスチャーも有効。 できるだけ正面から話し、手を差し伸べるなどで、相手に働きかけているということがわかるようにする。

心が通うということは、単に情報が行き交うことでも、音が聞こえることでもなく、その言葉にどのような気持ちを込め、その込めた気持ちが言語以外の要素によってどのように表現されるかで決まってくるのです。たとえ「愛しているよ」と言葉で語ったとしても、「うそでしょ。愛しているように

は思えないわよ」と言われたとしたら、その真意は2つ。本当は愛していないのに愛していると言ったか、本当に愛しているのにその表現方法が間違っていたかということです。

アクティブ・リスニングの3つのスキルの関係がわかってきましたね。

アルバート・メラビアンというUCLAの教授の実験結果では、非言語要素が意思疎通には圧倒的に多くの役割を果たしているとのことです。言語だけでなく、声の調子や非言語要素をしっかり活用してコミュニケーションを取ることがビジネスの基本になりますね。

④ 心の中の階層

いつもは結構がんばって外回りをしている営業担当が、次のように言ったとしましょう。

「今日は、営業なんかに出たくないな。毎日毎日足を棒にして営業しても、成果も上がらないし、結局毎月『目標未達成だぞ！』って怒鳴られるんだから、やってられないよ」

さて、彼の心の中はどうなっているのでしょうか。

やってられないよ

そう言って彼は、
ふてくされて横を向いた。

なぜそう言ったのか？
何を感じ、本当は何をしたいのか？

心を読んでみましょう。いくつかの可能性が考えられます。

言動：「やってられないよ」と言ってふてくされて横を向く。
　＊言動は思考に誘発される（どう考えたかにより、何を言い、何をするかが決まる）

思考：「努力している人間には、目標達成のいかんに関わらず激励すべきだ」
　＊思考は感情に誘発される（どう感じたかで、どう考えるかが決まる）

感情：「仕事がつらい、面白くない。怒鳴られると腹が立つ」
　＊感情は願望に誘発される（望んでいることをするときはプラスの感情になる）

願望：「早く、肉体労働的な仕事から解放されたい。もっと知的な仕事をしたい」
　＊願望は潜在ニーズから生まれる。

潜在ニーズ：「縁ある人々を豊かにし、自らも豊かでおおらかな生き方をすることに価値がある」
　＊潜在ニーズは、人間として共通の潜在意識が個性を持って表れたものである。
　共通の潜在意識とは、人の役に立ちたい・愛を与えたい・素直に生きたい、という3つにあると言われています。

潜在意識：「愛のある人生、人の役に立つ人生を歩みたい」

　もし、この営業担当者が、深く自分の潜在意識、いやせめて潜在ニーズまで心の中を深く見つめることができたなら、あるいは「やってられないよ」という言動にはならなかったかもしれません。多くのマイナスの言動は、本来持っている人間として共通のプラスの潜在意識にふたをしたまま、肉体感覚によるマイナスの感情に左右され、マイナスの感情の命ずるままマイナスの思考、すなわち言い訳を持ちそれを口にしてしまうことで作られるのです。一旦立ち止まり、感情の奥にある願望、更にその奥にある潜在ニーズと潜在

意識にまで耳を傾けてみましょう。きっとプラスの声を聴くことでしょう。そのプラスの声に従って感情と思考を持ち直せば、同じ状況に直面してもまったく逆の言動が生まれることも可能なのです。

私は、心の階層構造を氷山のモデルにたとえて説明していますが、水面上に見えるところが言動です。見えない部分（心）も階層になっていて、順に深く見つめていくと本来の自己（潜在意識）に到達します。そこまで到達したなら、そのプラスの意識に従って自分の人生のニーズ、本当にしたいこと、その願望に従って感じる感情、そのプラスの感情に従って生まれる考え方、**そのプラスの考え方**に従って**言動をマネージ**していけば、常に明るく積極的な言動を行うことができるはずです。

先の営業担当者の心を、本来の潜在意識から逆にさかのぼってみましょう。
潜在意識：「愛のある人生、人の役に立つ人生を歩みたい」
潜在ニーズ：「**縁ある人々を豊かにし、自らも豊かでおおらかな生き方をす**

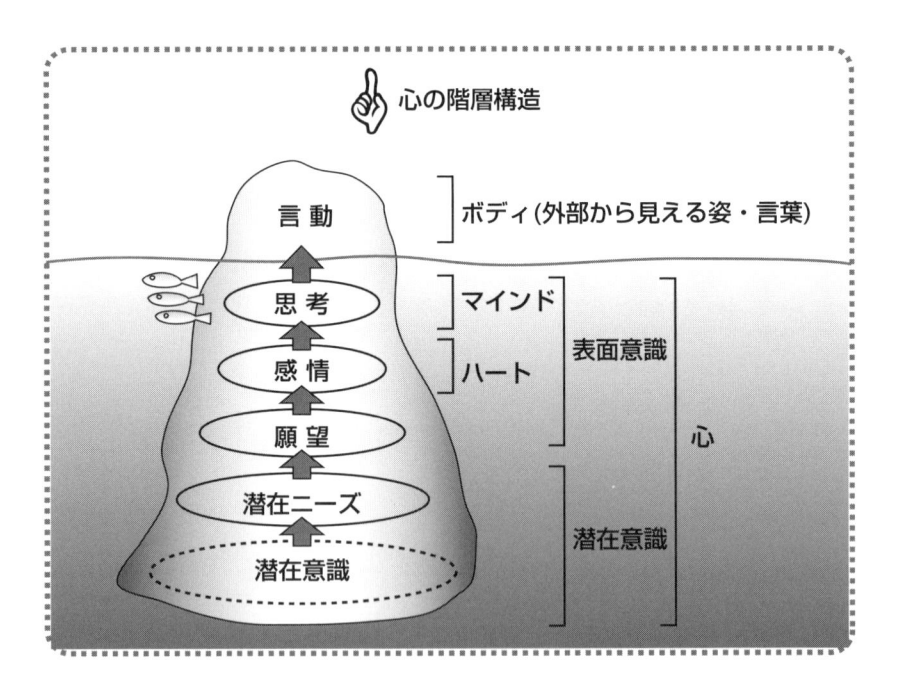

心の階層構造

- 言動 — ボディ(外部から見える姿・言葉)
- 思考 — マインド ┐
- 感情 — ハート   ┤ 表面意識
- 願望   ┘
- 潜在ニーズ   ┐ 潜在意識
- 潜在意識   ┘

ることに価値がある」
願望：「もっと効率よく、知恵を使って仕事をして職場の皆の手助けをしたい」
感情：「厳しい状況でも、難しい人間関係もよいチーム作りのためなら楽しい」
思考：「自分がもっと努力し、自己変革できるよう叱咤されているのだ。ありがたい」
言動：「今日も、お客様や仕事があることに感謝して笑顔でがんばろう」と言って出発する。

　いかがでしょうか。心を深く見つめることが前向きな人生を生きる鍵のような気がします。次は、そんな自分の心を深く見つめていく方法、更に相手の心の中を深く聞き出して、相手もプラスの生き方ができるように支援する方法を考えてみましょう。

1.　期待と要求

　前項では人の心の階層構造の分析を試みました。たとえ心の深い部分、潜在意識において愛を与えたいと願っていても、意識が三次元的世界の荒い波動にまみれると、どうしても自己防衛、自己弁護、言い訳などが先にたち、言動が本来の自分の善なる意識とは異なるものになっていく、というメカニズムを理解されたことと思います。

　次に、自分自身の深い心の内なる意識に目覚め、相手の心の深層に関心を寄せ引き出し、心と心が通い合ったという状態になるためには、どのような考え方や方法が必要かということを考えてみましょう。

　コミュニケーションとは、「**相手を理解し、自分を理解してもらうこと**」と言ってよいでしょう。しかし、理解するのは何かということが問題になります。相手の発した言葉、目に見える行動をその表現された通りの情報とし

て解釈したのでは、「理解」したことにはならないのです。

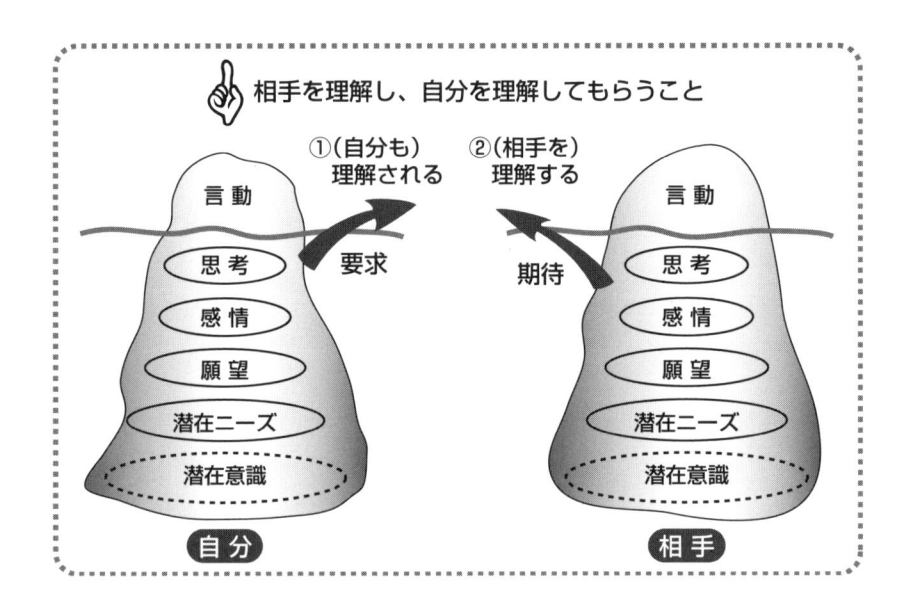

```
                相手を理解し、自分を理解してもらうこと
              ①（自分も）    ②（相手を）
               理解される    理解する
      言動                           言動
           思考  要求    期待  思考
           感情                感情
           願望                願望
          潜在ニーズ          潜在ニーズ
          潜在意識            潜在意識
       自分                        相手
```

　上記の図でわかるように、表現された言動はそれを誘発した思考から生まれ、思考はそれを誘発した感情から生まれ、感情はそれを誘発した願望から生まれ、願望はそれを支えている固有の潜在ニーズから生まれ、潜在ニーズでさえも**本来の人間としての性質**から生まれていると知ることが大切です。

2. 相手の心の階層に従って聴く

　心の奥に入っていくには、心の階層構造に従って、目に見える部分に関する話題から、徐々に考え方、感情、願望へと話題を深めていくことが有効です。特に、言葉以外の要素、すなわち表情や身体動作、声の調子などにも重要なメッセージがある場合が多いので、体中で真剣に聴くという姿勢が求められます。例えば、部下との面談で本音を話してもらうように、心の階層を掘り下げて傾聴する手順を一覧にしてみましょう。

表2-4　傾聴のための手順

質問の例	非言語表現の留意点
[第1階層：状況・事実を聴く] 〜をしましたか。　何をしましたか。 〜を聞きましたか。何を聞きましたか。 〜と言いましたか。何を言いましたか。	テンポよく会話ができるか、反応に間があるかで、意欲的かを察知する。ウソや適当な答えのとき視線をはずしがち。
[第2階層：考えを聴く] 〜と思ったのですか。 どう思ったのですか。 〜と考えたのですか。 どう考えたのですか。 どういう理由ですか。 〜という理由ですか。	視線が左上のとき、過去の事実を思い出そうとしている。右上のとき、未来の出来事を思い浮かべている。
[第3階層：感情を聴く] 〜と感じたのですか。 どう感じたのですか。 〜という気分なのですか。 どういう気分ですか。	腕を組んでいるとき、否定的な気分、手のひらを見せているときは開放的。かがみ気味のとき、下目がちなときは憂鬱なとき。
[第4階層：願望を聴く] 〜をしたいのですか。 何をしたいのですか。 〜をしてほしいのですか。 何をしてほしいのですか。 〜を〜したいですか。 何を〜したいですか。	視線が左下のとき、昔の物思いに耽っている。右下のとき、これからどうしていいか不安。 身を乗り出す感じのとき、積極的にやってみたい。
[第5階層：真のニーズを聴く] 本当は〜したいのですか。 本当は何をしたいのですか。 本当は〜してほしいのですか。 本当は何をしてほしいのですか。 本当に〜を〜したいのですか。 本当は何を〜したいのですか。	視線に輝きがあるとき、本当にやりたいことがある。 視線をはずす感じのとき、本音と異なる場合がある。 体を起こす感じのとき、意欲がある。

質問の例	非言語表現の留意点
［第6階層：潜在意識を聴く］ あなたの使命は何ですか。 生きていく意味は何ですか。 あなたは何のために生まれてきたのですか。	この階層になると、ほとんど技術的な聴き方では答えは出ない。無意識的に、心のうずきのような形で言語化される。 表情は輝きに満ちている。

＊視線に関しては右利きの場合

　実際に、ある職場での部長と部下の会話を見てみましょう。表面的な否定的反応から徐々に本来の自己に気づき、言動が変化していくのがわかります。

　＊ある日の夕方、部長から残業を命じられて、思わず「いや」と言った部下との対話。

部下：今日は残業はいやですよ。　　　　　　　　　　　　　　　（横向いて）

上司：今日は残業をしたくないのですね。この前残業したのはいつでしたか。
　　　【言動を聴く】　　　　　　　　　　　　　　　（相手の目を優しく見る）

部下：おとといの水曜日です。部長も大変なのはわかりますけどね。
　　　　　　　　　　　　　　　　　　　　　　　　　　　　　　（腕組み）

上司：そうですね、ありがとう。残業をしたくないのはなぜですか。
　　　【思考を聴く】　　　　　　　　　　　　　　　　　（軽く手を置く）

部下：寝不足になるし、趣味の歴史の勉強もできないし。
　　　　　　　　　　　　　　　　　　　　　　　（少し顔を触りながら）

上司：歴史の勉強ってすごいですね。ところで、仕事で頼りにされるってどんな気持ちですか。
　　　【感情を聴く】　　　　　　　　　　　　　　　　　　　　（笑顔で）

部下：そりゃ頼りにされるのはうれしいです。いつも他の人にも助けてもらっているし。
　　　　　　　　　　　　　　　　　　　　　　　（まだ少し下目がち）

上司：他の人との協力もうれしいと思っているのですね。チームっていいで

すよね。あなたが、会社やみんなのために意欲的に仕事をするために、私にしてほしいことはありますか。

【願望を聴く】　　　　　　　　　　　（しっかり目を見つめながら）

部下：そうですね、残業でも普段の仕事でも、ビジョンっていうか、その仕事の重要性みたいなこともお話しいただければ意欲的にやってみようって気になると思います。　　　　　　　　　　　（元気に）

上司：そうですよね、あなたが、本当は会社やチームのために貢献したいってことは、強く感じますよ。頼りにされているって思えれば嬉しいですものね。　　　　　　　　　　　　　　　　　（視線を合わせて元気よく）

部下：はい。実は認められてると思えばやる気は出ます。
　　　　　　　　　　　　　　　　　　　　　　（目を輝かせ、弾むように）

上司：わかりました。私はあなたに生き生きと仕事をしてほしいのです。あなたが、この会社で本当にしたいことってどんなことですか。

【潜在ニーズを聴く】　　　　　　　　　（優しく覗き込むように）

部下：部長には感謝してます。これからもさりげなく見ていてください。私はやる気にさえなれば、自分でがんばりますから。残業がいやなんじゃなくて、ちょっと仕事の意味を見失いかけていただけのようです。がんばりますから、よろしくお願いします。　　　（視線を合わせ）

上司：もちろん、喜んで応援しますよ。頼りにしていますから。では、少しだけ、残業お願いしますね。　　　　　　（喜びに満ちた笑顔で）

部下：わかりました。　　　　　　　　　　　　　　　　　（笑顔で）

　真のコミュニケーションとは、相手の心に関心を寄せ、傾聴のスキルを使って、順に深層心理を引き出すことから始めることにより可能になります。相手を理解するには、それなりのマインドとスキルが必要なのです。S.R.コヴィー博士が『7つの習慣』の中で、第5の習慣として次のように言っています（351頁より引用）。

> 人間関係について私が今までに学んだ最も大切な教訓を要約すれば、それは「まず相手を理解するように努め、その後で、自分を理解してもらうようにしなさい」ということである。この原則が、人間関係における効果的なコミュニケーションの鍵なのである。

そして、相手を理解するとは、相手の心の階層構造に従って、順に内面を引き出していくことなのです。

心を見つめることも、1人でするより相手がいて、コミュニケーションを通して協力し合うことでより深くできるのです。世の中に自分以外の人間がいることは実は偶然ではなく、人間としてお互いが高め合い、**人々の役に立ちたいという本来の人間性に目覚めるために与えられた機会**なのです。もしも、自分とはそりが合わないと思う人と出会ったならば、それはより深い自分を発見し、また相手が心の奥を見つめる手助けをするチャンスだと思って接してみましょう。決して表面的に不快な言動があったとしても、潜在意識では敵対はしていないものです。そしてその潜在意識こそ、人間の本来の姿なのです。

5 共感とは

心の階層に従って順に質問をしながら相手を理解していくことの重要性がわかりましたね。その中でも、感情の扱いは特に気を配る必要があります。この節では、共感というテーマで解説しましょう。心が通うためには、共感がキーとなるからです。

まず、共感的でないコミュニケーションの特徴を見てみましょう。

1. 心を通わせないコミュニケーションの方法

　話はしているのだが、どうも気持ちが通わない。何か引っかかるものがある、と感じるときは、次のような対応の仕方になっていないでしょうか。相手の言葉に対するよくない反応の仕方を「効果的でない聴き方・話し方ワースト10」としてご紹介しましょう。

《効果的でない聴き方・話し方『ワースト10』》
1．脅迫・注意　　2．非難・批判　　3．無視・侮辱　　4．指示・命令
5．説教・説得　　6．尋問・詰問　　7．同情・迎合
8．講義・論理の展開　　9．同意・おだて　　10．分析・解釈

---

1. 脅迫というのはきつい表現ですが、注意しているつもりが脅しになっていることもたまに見受けられます。相手を追い詰めたり不安にさせるような言葉で、相手の行動を阻止しようとする気持ちが働いているのでしょう。
「こんなことぐらいできないなんて、もう面倒見切れないぞ。今度同じようなことが起こるようなら、本当にどうなっても知らないからな」

2. 非難・批判も知らず知らずにしていることがあります。自分が正しくて、相手が間違っているという意識があるからそうなるのです。対応者に、相手を否定したり、やり込めたりする気持ちがあるのでしょう。
「お前って本当にダメだな。そんなことでミスをするからバカだって言われるんだ。もうちょっとしっかりしろよ」

3. 無視されるのは、時として批判されるより嫌かもしれません。相手の言葉を聞いても、無関心でいたり、冷ややかさや相手を見下すような言葉を投げかけてしまうこともあります。
「ふーん」「あっそ」「へー、たったのそれだけ」

4. 指示・命令となると先輩や上司の立場の人は、毎日のようにしているのではないでしょうか。命令すべき仕事を指示・命令するのは、何の問題もありません。しかし、相手が心を打ち明けて何かを相談してきているのに、十分受け止めないですぐに指示・命令になるのはよくないでしょう。相手に一方的に自分の意向を押しつけ、従わせたいという意識がある場合がよくあります。

「早く〜すればいいんですよ。さっさと〜しなさい」「そういうときは〜すべきだ」

5. 説教・説得は、悪気がなくてもしていることがよくあります。熱くなってくると、自分の意見や考えを相手に何がなんでもわからせようと、くどくど話すようになります。相手が打ち明け話をしてきたときには、すぐに自分の考えで説得しようとせず、じっくり聞いてあげることが大切です。

「だから、〜なんですよ」「そういう場合は、〜だから〜するものなのです」「あなたも自分の立場を考えて、素直に〜しなければなりませんよ」

6. 尋問・詰問というのは、質問と違って相手に何か否があると思いながら対応することです。自分が知りたいことを根掘り葉掘り聞いたり、理由を追求しようとする態度です。

「なんで、そんなことしたんですか」「どうして、一言相談しなかったのですか」「どういう理由でそこに行ったのですか」

7. 強く言えないとき、一転して同情したり、相手の意見に安易に迎合したりします。言葉としては、相手の気持ちや考えに表面的に合わせたり、心にもないほめ言葉を言ったりします。

「本当にその方がいいね」「その通りだね」「すごいね。おっしゃる通りだね」「ヒエーッ、かわいそうだね」

8. 講義・論理の展開とは、対応者が相手の問題を理解していると感じたとき、あるいは相手に対して立場の優位性をわからせたいときなどに、自

然に出てしまう対応の仕方です。往々にして良かれと思ってしているのですが、自分の意見や考えを理屈で説明し、納得させようとするため、相手にはうるさく聞こえます。

「〜すると〜なる。だからここは〜するのが得策なんだ」「Aは△△だろう。Bも△△だ。そうすると必然的にCも△△となる。そうは思わないか」

9. 同意・おだてというのは、自分の真意に関係なく、相手との関係をはぐらかし、安易に慰めたり、気をそらせたりすることです。本題からそれて、問題を回避する気持ちの表れです。

「わかりました」「ではそうしましょう」「まっ、そんなこともあるでしょう。ちょっと散歩でもして気分転換してきたら？」

10. 分析・解釈というのは、相手のことを考えているのでいいのではないかと思いがちですが、実は相手の気持ちや考えを自分の尺度で勝手に分析し、自分の推量が事実のように決めつけることです。相手は、本心でないことを勝手に推測され、気分を害します。

相手A：「いやぁ、転勤はできるだけ避けたいですね」
あなた：「なるほど、会社の人事の方針が気に入らないと思っているのですね」
相手B：「疲れたので明日お休みをいただこうと思っているのです」
あなた：「そうですか。上司にいじめられてストレスを感じているのですね。仕事がつまらないと、やる気を失いますものね」

このような、対応の仕方も言葉そのものというよりは、非言語要素の一部と考えられます。すなわち、対応の戦略と言われる部分です。もちろん、実際にこのような対応もどのような非言語スキルを使って行うかによって、相手への受け取られ方は随分違ってきます。

2. 共感的聴き方とは

　共感的聴き方とは、相手の行為（状況）、考え、感情、願望などを正しく理解しようと思い、自分の評価や意見を主張するのではなく、相手の言い分を受容していることを伝えていく聴き方のことです。

　共感的理解を深めるためには、その人の置かれている立場や状況を吟味しつつ**その人の内面にある感情を推し測る力**（想像力）や、その人の言葉を記号として受け止めるだけでなく、その言葉の奥から聞こえてくるいわば**心の声に耳を傾け**、込められた気持ちをわかろうとする力（傾聴能力）を高めることが必要になります。そして、全身で相手の心の声を受け止める（非言語スキル活用能力）ことが必要です。

　共感とは、**相手を心からわかろうとしていながら相手との適切な距離を保つ**ことを意味します。共感は、人間関係やコミュニケーションを改善したり、人間の成長を促進するためには欠かせません。

<u>下記の5つの表現のうち、どれが共感的コミュニケーションでしょうか。</u>
　部下のKさん「すみません。また、レポートで間違いをしてしまいました。ちゃんとしようと思っているのに……」

① 「もっと注意する習慣をつけなきゃだめだよ。自分の不注意で人に迷惑をかけるのはよくないよ」
② 「計算ミスをするタイプなんだね。たぶん、早く済ませたいと、あせって物事を進めたからだよね」
③ 「なぜ、最初から見直しをしなかったの？。大切なレポートだと思わなかったのかい？。こんなことが続くようだと、面倒見切れなくなるよ」
④ 「経験が浅いと、誰でも思ったようにはできないものだよね。間違ってしまうのも経験不足だからしかたないよ。気にしないでいいよ」
⑤ 「レポートで間違いをして辛い気分なんだ。本当はもっとちゃんとしたい

と思っているんだね」

さて、どれが一番共感的でしょうか。
①は説教的、②は勝手な解釈、③は脅迫的、④迎合的です。したがって、この中では⑤がベストです。大きくずれない範囲で、相手の気持ちを言いかえて、伝えています。

3. 共感のステップ

> 相手が、自分の話を聞いてもらっている、自分の言うことを尊重してもらっている、と感じられるにはどうしたらいいのでしょうか。気持ち（心）を引き出す聴き方は、前述の共感スキルを下記のステップに従って活用することで更によく実践できます。
> 1. 相手の言葉（キー・ワード）を繰り返す。　　　　（反復）
> 2. 相手の言葉を言いかえる。　　　　　　　　　　（言いかえ）
> 3. 相手の言葉を言いかえて、感情を表す言葉を付け加える。
> 　　　　　　　　　　　　　　　　　　（感情フィードバック）

真に共感されることで、相手は本音（深い意味の願望）を自然に伝えてくれるのです。

4. リーディングとは

通常、共感を続けると相手が自然と自分の前向きな本心に気がつき、それを口に出してくるものですが、ここでは、マイナスの感情に共感を重ねても、なかなかプラスの本心が現れない場合、聞き手がリードしてポジティブな言葉を引き出す手法をご紹介しましょう。リードする手法、リーディングと言います。

> **リーディング（ポジティブな気持ちの引き出し方）**
> 相手が悲観的になり、なだめても、激励してもマイナスの反応を繰り返すこともあります。単に共感するだけではプラスの方向にいかないような場合に活用できるのが、リーディング・スキルです。リーディングとは、相手のマイナスの表現に巻き込まれないで、機を見て会話をプラスの話題に変えていく手法です。

～工夫して頑張れば成果が上げられるはずのチーフをやる気にしたい～

■下記の会話を検討してください。

チーフ：「もう忙しくて、とても新しいイベントなんか考える気にはなりません」

あなた：「忙しくて考える気にならないのですね」

チーフ：「だって先輩はあまり頼りにならないし、お客様もわがままになってきているし、今の仕事をこなすだけでも必死ですよ」

あなた：「今の仕事をこなすのも大切ですものね。わかります、その気持ち」

チーフ：「そうでしょ。だからもう与えられたことをキッチリするしかないんですよ。新しいことは当面したくないです」

あなた：「新しいことはしたくないのですね。仕方ないですね」

チーフ：「もう、私なんか担当チーフの立場を下ろしていただきたいですよ。期待にそえないのが辛くって」

あなた：「期待にそえないのが辛いんですね……」

これでは、共感しようとするあまり、マイナスの感情に巻き込まれています。

第2章 聴き方の工夫　49

■下記の改善例を検討してください。

チーフ：「もう忙しくて、とても新しいイベントなんか考える気にはなりません」
あなた：「忙しくて考える気にならないのですね」
チーフ：「だって先輩はあまり頼りにならないし、お客様もわがままになってきているし、今の仕事をこなすだけでも必死ですよ」
あなた：「今の仕事をこなすのも大切ですものね。わかります、その気持ち」
チーフ：「そうでしょ。だからもう与えられたことをキッチリするしかないんですよ。新しいことは当面したくないんです」
あなた：「新しいことはしたくないと感じているのですね。
→　そんな中でも、何かにチャレンジして嬉しかったことってありますか」
チーフ：「そうですね。いつも与えられたことをキッチリするしかないと思ってはいるのですが、新しく提案した企画が認められたときなんかは嬉しいですね」
あなた：「自分の企画が認められたときの嬉しさって本当にいいですよね」
チーフ：「私もチーフの立場なんだから、いろいろ創造的に期待にそえたらいいなとは思うんですが……」
あなた：「いいですね。期待にそえるようになるためにも、仕事の工夫をして、これからもアイデアを提案してみたらどうでしょう」
チーフ：「わかりました。もう少しあきらめず、がんばってみます。また、ご相談させてください」

＊━━▶のところでリーディングをし、相手の気持ちをプラスの方向へ導いています。

　問題のあると思われる人材の特徴の1つは、物事を否定的・批判的に見ることが多いということです。そのような、単に共感するだけでは、プラスの方向にいかないような場合に活用できるのがリーディング・スキルです。リーディングとは、相手のマイナスの表現に巻き込まれないで、機を見て会話をプラスの話題に変えていく手法です。

　いかがでしたでしょうか。コミュニケーションの深さが発見できてきたでしょうか。言葉が交わされただけで心と心が通じるわけでないことだけは確かですね。まずは、相手を尊重し、相手がそこにいること自体が愛である、自分の成長や存在も可能にしてくれると思って感謝することから始めましょう。温かく、心が通ったと思えるときの感動をあなたにも味わってほしいと願っています。

6　質問のタイプ

　聴く方法では、質問して、答えに対して確認し、感情が見えたら共感する、という流れが重要だということが理解できたでしょうか。質問をするときには、相手の心の階層に従って掘り下げていくのだということも学びました。最後に、あるテーマにそって、焦点を絞っていくときに使い分けるとよい質問の種類とプロセスについてお話ししておきましょう。

1.　質問の4つの種類

　あるテーマに従って掘り下げていくときは、この4種類の質問を順に使っていくことが役に立ちます。

　例えば、新しい営業スタイルの検討会議の場面を考えてみましょう。

第2章 聴き方の工夫　51

表2-5　質問の種類と例文

種　類	例　文
[事実質問] ・事実を確認する ・情報を得る ・話を明確にする	何ですか　いつですか　どこですか 具体的に何が必要ですか どのようにするのですか （いくら）どのくらいまでですか
[探求質問] ・ニーズを引き出す ・理由・解説を求める ・話の幅を広げる ・追加情報を得る ・古い考えに挑戦する ・新しい考えを生み出す 　推論を導く	どのようにして問題を解決するのですか なぜ、そうだと思われるのですか これを行う理由は何ですか それは、どのようにして行うのですか これについて、他にどういった方法が考えられますか どんな例がありますか それがもたらす影響は何ですか なぜ、それが一番問題だと思われるのですか
[方向付けの質問] ・期待を高める ・新しい考えを導入 ・方向を示す ・新しい考えを発展させる ・議論の流れを変える	これを解決法として取り入れられないか考えてみていただけませんか これは現実的な代替案になりませんか こちらの方向で検討するということでよろしいでしょうか この方法で検討できないでしょうか 今弊社でご提供できるもので、最も重要なものは、AでしょうかBでしょうか
[判断・評価の質問] ・選択肢の中から1つを決定し、同意を得る ・行動に移す道を開く	AとBでは、Aの解決策がベターだということでよろしいでしょうか Aの方がBより望ましいということですね では、次にこれをするということでよろしいですね このプランで進めてよろしいですね

[事実質問の例]

・他社の新しい傾向はどのようなものですか。
・アンケートでは、顧客が最重視していることは何だと言っていますか。
・予算はどのくらいありますか。

（色々な情報が出される）

[探求質問の例]

・なぜ、A案が有効だと思われるのですか。
・他に副次的な効果も見込めますか。
・B案のもたらす影響はどのようなものですか。
　（重要案件について、議論を深めていく）

[方向付けの質問の例]

・それでは、今回はAかBの方向で検討をするということでよろしいですか。
・他の案件は、一旦棚上げでよろしいですね。
　（検討の対象を絞り込み、方向を定める）

[判断・評価の質問の例]

・検討の結果、A案の方がより現実的でよいということで合意されますか。
・それでは、向こう3ヶ月、A案で試行するということでよろしいですね。
　（評価して決定を促す）

　このように、話を広げて、絞りながら深め、更に絞って方向を定め、決定に導く、というような流れが一般的な質問の進め方です。

　ここでわかるように、事実質問と探求質問は、答えが自由に選べるようなタイプの質問が多いですね。また、方向付けの質問と判断・評価の質問は、答えがAかBを選択する、または、YesかNoで答える質問が多かったことがわかります。前者をオープン・クエスチョン（開いた質問）、後者をクローズド・クエスチョン（閉じた質問）と言います。

2.　質問のタイプ

(1) オープン・クエスチョン

　オープン・クエスチョンは、自由に答えを選べるので回答する側も気楽に

何でも言うことができます。しかし、自由度が高いため、どのように回答していいか迷うこともあります。

そこで、オープン・クエスチョンをする側としては、できるだけ相手が答えやすい質問の仕方を心がける必要があります。ポイントは2つあります。

1つは、不完全で答えが選びにくい質問を、具体的で答えやすい明確な質問に変えることです。

「何をすればよいのでしょうか」
「何がおっしゃりたいのですか」
｝不完全質問

「御社としては何を目指していらっしゃるのですか」
「何があれば競争に勝てるのでしょうか」
「何が失敗につながったのですか」
「どこにご意見のポイントをおかれているのでしょうか」
｝明確な質問

2つめは、探求質問などで、安易に「なぜ」を聞く質問を発して、相手を責めるような感じが出ないように気をつけることです。Why？と聞きたくなったら、質問の仕方をWhat？に変えてみるのも手法です。

「なぜ○○様は、それにこだわられるのですか」
「なぜそれが可能だと信じられるのですか」
「なぜ会社として意思決定ができないのですか」
｝尋問的（強い）

「なぜそれは失敗したのですか」
「どうしてできないのですか」
｝非効果的（あいまい）

⬇

「○○様が、それにこだわられる主な理由はなんですか」
「どこにご意見のポイントをおかれているのでしょうか」
「何が失敗につながった原因だと思われますか」
「何が実現を妨げているのでしょうか」

効果的
(具体化・
What化)

(2) クローズド・クエスチョン

オープン・クエスチョンでは、回答の自由度がありましたが、クローズド・クエスチョンは方向付けをしたり判断を促したりするので、回答の幅を制限します。すなわち、A or B、Yes or Noで答えるような形の質問をするわけです。

表2-6 オープン・クエスチョンとクローズド・クエスチョン

オープン・クエスチョン	クローズド・クエスチョン
「どこにご意見のポイントをおかれているのでしょうか」	「ご意見のポイントは、○○ですか、それとも△△ですか」
「何が失敗につながった原因だと思われますか」	「失敗につながった原因は、××だと思われるのですか」
「何が実現を妨げているのでしょうか」	「実現を妨げているものは、◇◇と考えてよろしいですか」

質問の精度を上げて、素晴らしい積極的傾聴ができるようになってください。ここまで、聴き方の工夫について述べました。

まとめの演習

『共感的対応』

　新入社員のAさんは、係長と喧嘩になりました。そのことを打ち明けられた同じ大学出身の先輩Cさんは、Aさんに下記のように対応しました。あまり効果的とは言えません。共感的な対応になるように書き直してください。

Aさん：「昨日係長と喧嘩しちゃったんです」

先　輩：「えっ。ダメじゃないですか、いつもお世話になっているのに喧嘩なんかしちゃ」

Aさん：「だって、頭にくるんです。何でも私が悪いって言うんだから……。自分の説明が間違っていても、そんなことはひとつも謝らないんですよ。もう我慢できないですよ」

先　輩：「あなたの聞き方が悪いんじゃないの？」

Aさん：「悪いところもあるかもしれないけど、あんな言い方されちゃ、聞いてやるもんかって思いますよ」

先　輩：「そんな、怒ってばかりいると体に悪いよ。上下関係は厳しいんだから。素直に言うこと聞かないと俺も面倒見切れないぜ」

Aさん：「私は私なんだからほっといてください。もう、今更性格は直せないですよ」

■共感のステップを考慮して書き直してください。

Aさん：「昨日係長と喧嘩しちゃったんです」

先輩：

第3章

話し方の工夫

1 アサーティブ・コミュニケーションのプロセス

　積極的に相手の言い分に耳を傾けることが大切だということがわかりました。しかし、もしあなたが、相手の言い分と異なる考えを持っているとしたら、それは何らかの形で伝えなければなりません。

　この章では、自分の意見や相手への反論を効果的に伝える手法について学んでいきましょう。むりやり自分を押し通すのでもなく、相手に迎合して引いてしまうわけでもない、**建設的な自己主張の仕方を「アサーティブネス」**（assertiveness）と呼びます。

　建設的自己主張を考えるとき、建設的でない自己主張とはどんなものか、対照して考えるとわかりやすいでしょう。建設的でない自己主張には2通りありますので、合計3種類の自己主張のパターンがあると言えます。

1. 自己主張の種類

(1) アグレッシブ（攻撃的自己主張）

　相手のことをあまり考えず、自己中心的な対応をしてしまうパターンです。通常、自分が一番偉いと思っている（少なくとも、今話していることについて、自分の言い分を通すことが当然だと感じている）場合が多いです。あるいは、役職や地位を盾に自分の言い分を押し付けようとする姿勢がある場合。もしくは、自分に劣等感があり、その裏返しとして相手の言い分に耳を傾けずに、イライラして攻撃的になる場合などです。攻撃的自己主張の特徴は下記の通りです。

・相手のことを考えず、自分の気持ちを押し付ける。
・相手の話を遮る。
・自分が正しく、相手が間違っていると決めつける。

- イライラする、怒る、怒鳴る。
- 見下す。
- 脅かす。

(2) ノン・アサーティブ(非主張的自己主張)

このパターンの特徴は、相手のことを考えすぎて、自分の言い分をはっきり言えないことです。

本当は言いたいことがあるのだけれど、相手との軋轢を恐れ、直接議論するのを避けようとします。そのくせ、面と向かっていないときに、他の人に愚痴を言ったり、そのときの相手の悪口を言ったりするものです。非主張的自己主張の特徴は下記の通りです。

- 自分の気持ちを表現しない。
- 直接当事者と話をせず間接的にしか話を進められない。
- 自己否定的な話し方をする。
- 権力に屈する。
- 主張すべきタイミングに主張しない。
- イライラして、愚痴っぽくなる。
- うやむやにして妥協する。

(3) アサーティブ(建設的自己主張)

アサーティブ・コミュニケーションとは、自己主張の目的が、相手を説き伏せることでも相手に合わせて自分を押し殺すことでもない、自らの心の中を開示し相手に伝えることで、お互いにとってより良い関係が構築できると信じてコミュニケーションを取ることです。たとえ異なっても相手の価値を尊重しつつ、自分の価値も大切にしてしっかり主張していく姿勢が建設的なのです。結果として、双方に受け入れられる新たな解決策(第3の道)が見

つかることが期待されます。建設的自己主張の特徴は下記の通りです。

- 相手も相手の抱える問題も真に価値あるものと認める。
- 相手の立場を尊重し、考え方を受け止める。
- 客観性、明確性、具体性を念頭に置き、憶測でものを言わない。
- 自分が正しいと思うことについて一方的でなく、話が通じるように努力する。
- 情熱やユーモアを持って話す。
- 相手の権利や考えを認めつつ、自分の権利や考えもはっきり確信を持って主張する。
- かたくなにならず、可能性や選択肢をできるだけ多く検討する。
- 双方にとって受け入れられる新しい方法を探る。

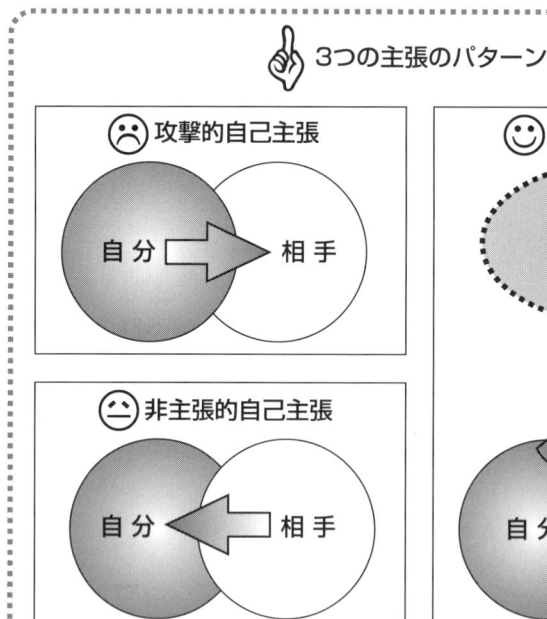

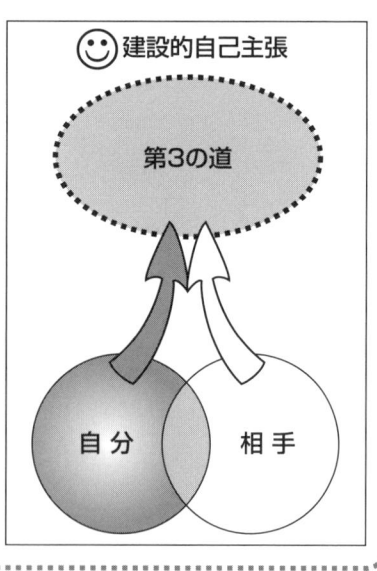

3つの主張のパターン

攻撃的自己主張 　自分 → 相手

非主張的自己主張　自分 ← 相手

建設的自己主張　第3の道　自分・相手

3つの主張のパターンを前頁に図示してみました。お互いに心の中を出し合ってこそ、第3の道の構築が可能になるのですね。

2. 建設的自己主張のステップ

それでは、建設的に自己主張をするための話し方のステップを考えてみましょう。まずは相手の考えを受け止める、というステップから始めます。自己主張は、実は相手を受け止めることにより可能になるということなのです。

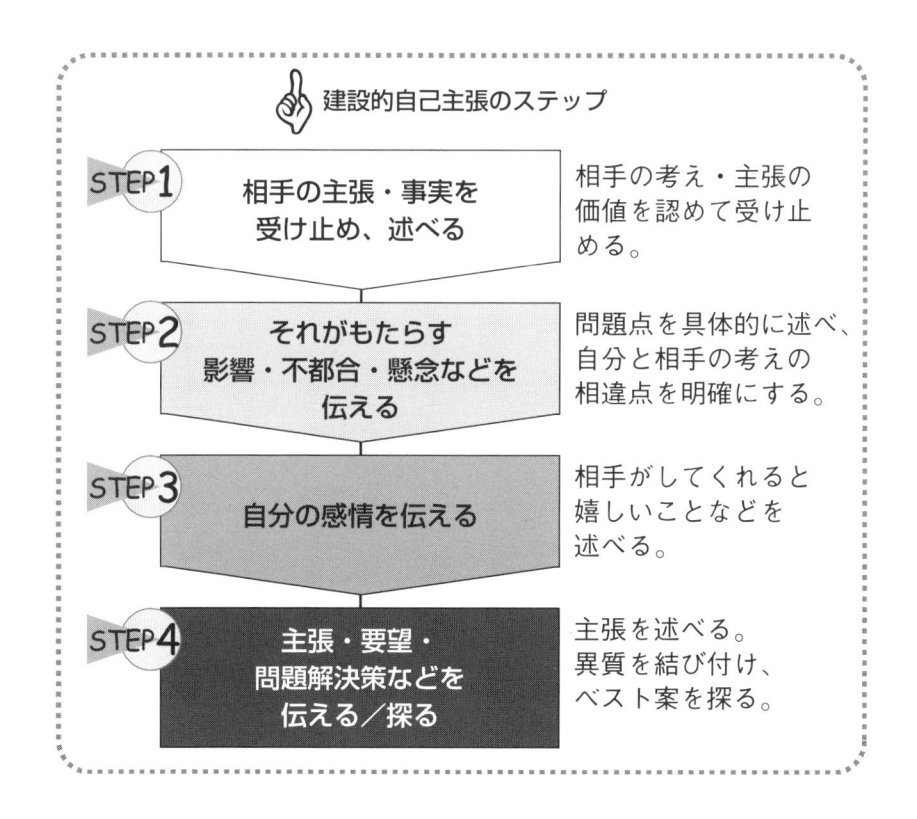

建設的自己主張のステップ

STEP1	相手の主張・事実を受け止め、述べる	相手の考え・主張の価値を認めて受け止める。
STEP2	それがもたらす影響・不都合・懸念などを伝える	問題点を具体的に述べ、自分と相手の考えの相違点を明確にする。
STEP3	自分の感情を伝える	相手がしてくれると嬉しいことなどを述べる。
STEP4	主張・要望・問題解決策などを伝える／探る	主張を述べる。異質を結び付け、ベスト案を探る。

例えば、あなたが今日、昼食にソバを食べたいと思ったとしましょう。攻撃的自己主張のあなたなら、相手の意向を聞く前に、「**今日は、ソバを食い**

に行こう。いいだろう？」と切り出すかもしれません。もし、非主張的自己主張のあなたなら、「**今日は、昼何を食べようか**」と相手に意向を聞いて、相手が強く「**カレーにしましょうよ、部長**」と言ってきたなら、「**そうだな、カレーもいいな。じゃ、そうしようか**」と言ってカレー屋に行くことでしょう。そして、昼食の後で人事課長に小声でこう言うかもしれません。"最近の社員は、上司の気持ちを汲み取ろうなんて態度が微塵もない。本当に自己中心的なんだから……"。もしかすると、その社員は、部長から質問されたので、はっきりと自分の意見を言っただけなのかもしれないのに……。建設的自己主張のできる部長なら、上記のステップを踏まえてこんな風に言うことができるでしょう。

部長：「今日の昼食は何にしようか」
社員：「カレーなんかどうでしょうか。俺、カレー大好きなんです」
部長：「カレーが好きなんだ。実は昨日もカレーを食ったので、毎日同じものを食うのはどうも気が進まないんだ。新しい分野を開拓することも必要だし。あなたが、俺の提案に付き合ってくれると嬉しいんだが。どうだろう、今日は、『かも南蛮』か何か食ってみないか」
社員：「わかりました、部長。是非そのソバ屋に連れて行ってください」

　この、部長の話し方はいかがでしょうか。4つのステップが見つかりましたか。もし、社員との関係が「あうん」の呼吸で、信頼関係が密に取れているなら、このようなステップは必要ないかもしれません。というより、かえって使わない方がよいこともあるでしょう。「**今日はソバだ、ついて来い！**」の方が、親近感があるかもしれません。

　夫婦の間でも考えてみてください。部長が夜遅く家に帰って、食事を出されたとしましょう。ちょっと疲れているのであっさりとお茶漬けでも……と思っていたのにトンカツが出てきました。

夫：「俺の気持ちもわからず、こんな脂っこいの出されても食べられないよ」
妻：「遅く帰ってきて、お腹がすいているだろうと思って用意したのに、何よ。いやなら、**勝手に好きなもの作って食べればいいじゃない**」

　こんな会話になっていませんか。もし円満で、お互いにツーと言えばカーの状態なら、トンカツを見た瞬間に、
夫：「今夜は、ちょっと……」
妻：「そうね。あっさりとお茶漬けか何かにする？」
なんて具合にいくことでしょう。しかし、少しお互いの状態が不穏な場合は、次のように建設的自己主張のステップを使ってみてください。

1. （受け止める）今日は元気をつけようと思って、トンカツを用意してくれたんだ。その気持ちはありがたいよ。
2. （懸念・不都合）今夜は少し疲れ気味で、かえって脂っこいものを食べない方が体にいいと感じているんだ。
3. （感情）せっかくだけど、俺の気持ちを汲んで、あっさりしたものにしてもらえると嬉しいんだが……。
4. （主張）どうだろう、お茶漬けを一杯作ってくれないか。

　こんな感じで言われれば、遅く帰ってきた夫に多少不機嫌な思いを持っていた奥さん、しかもせっかく作ったトンカツを食べないという夫にも、気持ちよく「わかったわ。そんなときもあるわね。今すぐお茶漬けつくるから待っててね」ということになるのではないでしょうか（保証はしませんが）。

❷ 建設的対立の仕方

　建設的に自己主張することで、相手と厳しい衝突をせずに自分の言いたいことを伝えられる気がしてきたでしょうか。もしかして、厳しくぶつかるこ

とはよくないので、衝突を和らげるために建設的自己主張をするべきだと考えていませんか。

もちろん、無用な衝突、感情的な対立はすべきではありませんが、建設的であれば、衝突した方がよりよい結果が生まれるので、衝突は避けるべきではないのです。

この節では、もう少ししっかりと時間をかけて、自分の主張を明確に伝え、また相手が明確に主張してきたときに、しっかりと反論できる手法を見てみましょう。

1. 「立論」とは

主張を明確にするためにまずしなければいけないことは、自らが「自分の言いたいこと」を明確にするということです。明確にした主張を、相手が理解し納得するようなプロセスを踏まえて伝えること、そのような論理的な主張の展開のことを「**立論**」と言います。論を立てるわけです。

普通の友人との会話なら、それほどプロセスを気にして話さなくてもかまわないし、論理的に主張を展開する必要もないかもしれません。しかし、ビジネスの場で、特に意見の相違がある場合などに、自らの視点を相手に納得してもらうには、**論理的でしかも心理的に説得しやすいプロセスを活用する**ことは重要と言えるでしょう。では、立論の構成はどのようにすればよいのでしょうか。立論の7つのステップを確認していきましょう。

第1番目は、「**主張を簡潔な単文で述べる**」ことです。往々にして、強く主張すると人間関係が厳しくなるのではないかと思って、「……ということもあるのですが、……も重要だし……」というようなあいまいな表現を使ってしまいがちですが、それでは相手は混乱するだけです。「私は……と考えます」とか「○○は、……すべきだと思います」と言い切る練習をしましょう。まず、何を主張するのかを明確にした後で、その背景、理由、利点などを述べていくのです。

第2番目にすることは、その「**言い切った文の表現の意味を共有する**」ことです。例えば、「我社としては、もっと営業力を強化していくべきだと思います」と言ったとしましょう。この場合、"営業力"という言葉が何を表しているのか、話し手と聞き手との間で定義が異なっていては議論になりません。そこで、「営業力というのは、営業担当者の対人コミュニケーション力のことを言っています」とか、「ここでいう"営業力"とは、販促ツールの拡充と広告業者との連携のことを指しています」のように、重要な用語についての共通認識を持つということです。

第3番目は、なぜその主張を今議論することが重要なのか、「**現状分析あるいは背景となる理由**」を述べます。理由を述べる場合、「重大性」と「必要性」という2つのポイントを盛り込むようにしましょう。「重大性」とは、このテーマは重大なことなので、今議論することが必要であるということを説得することです。「必要性」とは、このテーマを議論しないで放置すると将来問題が拡大するので、今議論する必要があることを説得することです。これら2つの論点から、まず自分の主張に耳を傾けるように導いていくわけです。

第4番目に、「**主張の中身、具体的な計画・プラン**」を述べます。このプランが、現状の問題を解決できるという「解決の可能性」と、このプランが実行可能だという「実行の実現性」の2つの論点を含むようにしましょう。

第5番目は、「**論拠・哲学・理念**」などを述べます。思いつきや我見でなく、背景に普遍的な理念があることを述べて、主張の正当性を高めるわけです。

第6番目に駄目押しとして、「**その主張を採用した場合の利点**」を述べます。採用しなかった場合のデメリットを挙げるのもよいかと思います。

最後にもう一度、「**主張を簡潔に単文で繰り返し**」ます。繰り返して言うことで、何がポイントだったかを相手の脳裏に刷り込むことができます。この7つのステップを盛り込んで立てる論のことを「**立論**」と言います。心理

的にも論理的にも納得しやすい意識の流れですので、多少の順序の前後はあったとしても漏らさずカバーするように努めましょう。

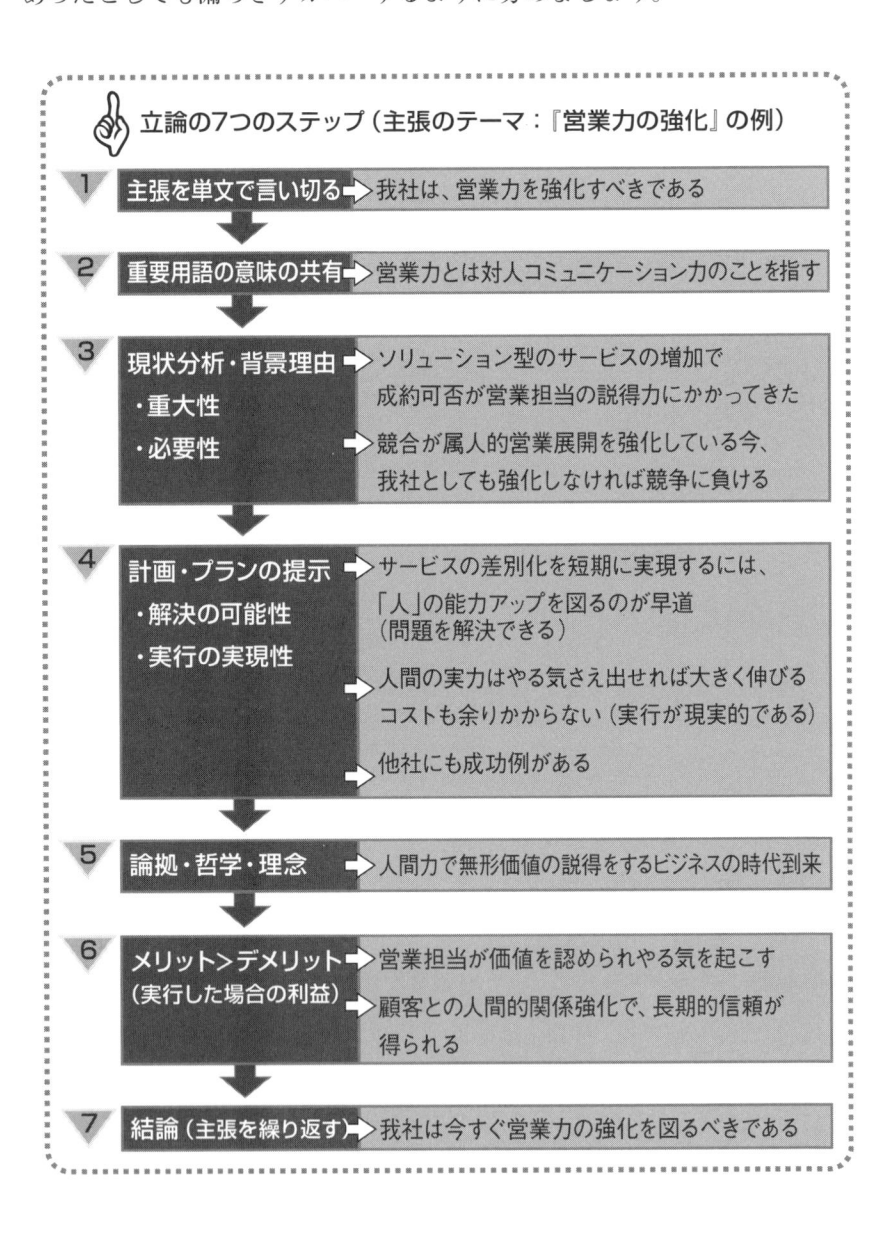

👉 立論の7つのステップ（主張のテーマ：『営業力の強化』の例）

1 主張を単文で言い切る ➡ 我社は、営業力を強化すべきである

2 重要用語の意味の共有 ➡ 営業力とは対人コミュニケーション力のことを指す

3 現状分析・背景理由
・重大性
・必要性
➡ ソリューション型のサービスの増加で成約可否が営業担当の説得力にかかってきた
➡ 競合が属人的営業展開を強化している今、我社としても強化しなければ競争に負ける

4 計画・プランの提示
・解決の可能性
・実行の実現性
➡ サービスの差別化を短期に実現するには、「人」の能力アップを図るのが早道（問題を解決できる）
➡ 人間の実力はやる気さえ出せれば大きく伸びるコストも余りかからない（実行が現実的である）
➡ 他社にも成功例がある

5 論拠・哲学・理念 ➡ 人間力で無形価値の説得をするビジネスの時代到来

6 メリット＞デメリット
（実行した場合の利益）
➡ 営業担当が価値を認められやる気を起こす
➡ 顧客との人間的関係強化で、長期的信頼が得られる

7 結論（主張を繰り返す） ➡ 我社は今すぐ営業力の強化を図るべきである

2. 証明するということ

　現状分析の重大性、必要性に関してそれぞれ1つずつのポイントを挙げ、プランでは解決の可能性と実行の実現性、および主な利点など、重要なポイントがいくつかありました。これらのポイントのことを論点と言います。各ポイントで論点を2つ以上挙げる場合もありますが、最低1つの論点をしっかり説得する必要があります。1つの論点を説得するためには、その論点がなるほどと思えるように「証明」しなければなりません。科学や数学の証明とは別に、ある論点を証明するということは、次の3つの要素を備えているということです。

《証明の3要素》
①主張・結論：発言者の証明したい論題、主張が明確。
②データ・証拠：主張を信じることができる証拠、事実がある。
③論拠・根拠：証拠から主張への論理を正当化する考え方が明確。

　立論のプロセスから言えば、第1番目の「主張・結論」と現状分析の中の重大性・必要性、そして、プランの中の解決の可能性・実行の実現性、そして利点の部分が「データ・証拠」にあたります。そして、論拠・哲学・理念の部分が「論拠・根拠」にあたります。立論そのものに3つの要素が入っているのです。また、各論点を信じてもらうためには、それぞれの論点で「主張・結論」と「データ・証拠」、「論拠・根拠」が必要です。「論拠・根拠」は、大きな立論の中で示すことになるので、それぞれの論点では省くこともあり得ますが、「データ・証拠」は欠くことができません。**証拠のない主張は"言っているだけ"で信用することはできないのです。**

　例えば、「喫煙は労働生産性を低下させる」と言われても、生産性が落ちているというデータや証拠を示さなければ信じることはできないのです。「勤

務中に20本のタバコを吸う人は、1本吸うのに5分かけ、喫煙室への往復に1分かかるとすると、8時間労働中120分が喫煙に費やされる。通常の休憩時間が午前30分、午後30分ならば、非喫煙者の2倍の休憩を取っていることになる。1日60分の有給休憩時間が追加されている形だから、月に20時間、すなわち約2.5日間の給料の無駄払いとなっている」とここまで数字を示されれば、なるほどと思えてくるのです。

「論拠・根拠」とは、主張と証拠を結びつける考え方です。前述のタバコの例で言うならば、喫煙によって勤労時間が減っても、仕事のスピードがそれを上回れば生産性は落ちないが、「仕事量は費やす時間と相関する」という論拠があれば、月に2.5日の余分な休憩時間が生産性低下をもたらしているという論点が証明されたことになります。論拠として使えるものは、①**普遍的真理**、②一般的に受け入れられている**価値観や考え方**、③**論理展開の正しさ**、④**証拠の信憑性**、などです。

それぞれの論点に、証明の3要素を備えるように心がけることが重要ですが、実際のビジネスでは「ただし……は除く」とか、「……の場合に限って」というように**例外条項**を出して主張の範囲を限定したり、主張が認められる**条件を設定**したりすることも多いのです。論点を納得してもらうためのプロセスは、納得いただけたでしょうか。

3. 効果的な反対意見の述べ方

相手が説得的立論を組み立てて議論してきたなら、つい納得してしまいたくなります。証拠と論拠があれば「なるほど」と思ってしまうのです。しかし、鵜呑みにしてはまずいかもしれません。「なるほど」と思ったところから「待てよ」と考え直して、立論の7つのステップにそれぞれ対応させて反論していくのです。

反論するにもやはり、主張・結論とデータ・証拠、論拠・根拠を示さなければ、それはただ反対しているだけで、説得したことにならないのです。自

分の主張に責任を持って説得を試み、また、責任を持って反論を試みる。そのことで、もし結論がどちらになったとしても、その実行にあたっては、責任をもって取り組めるようになるのです。

4. 意見の対立こそ創造力のみなもと

　P.F.ドラッカーは著書『プロフェッショナルの条件』の「意思決定の秘訣"満場一致に注意せよ"」という項の中で、次のように言っています。少し長いですが抜粋して引用します（162〜163頁）。
――「決定においてもっとも重要なことは、意見の不一致が存在しないときは、決定を行うべきではないということである。……。
　　意見の不一致は、3つの理由から必要である。
　　第一に、組織の囚人になることを防ぐからである。……組織の意図から脱する唯一の方法が、十分検討され、事実によって裏づけされた反対意見である。
　　第二に、選択肢を与えるからである。……決定には、常に間違う危険が伴う。……。選択肢がなければ、決定が有効に働かないことが明らかになったとき、途方にくれるだけである。
　　第三に、想像力を刺激するからである。……。反対意見、特に理論づけられ、検討し尽くされた、かつ裏付けられている反対意見こそ、想像力にとってもっとも効果的な刺激剤となる。
　　成果をあげる者は、意図的に意見の不一致をつくりあげる。……。
　　意見の不一致は、もっともらしい決定を正しい決定に変え、正しい決定を優れた決定に変える。」

　いかがでしょうか。創造性とは、黙って座っていただけでは発揮できない。自らの考えを明確に持ち、その考えを裏付ける証拠・データを丹念に集め、データと主張がつながっていることを示す論拠を持ち、それらを論理的なプ

ロセスに従って表現する。それをやはり、同じように反対の立場で考えて、データと論拠を持って反論する。その知的論争の中から、新たな発想や予測していなかったようなアイデアが生まれてくるのです。

　人間の向上・成長は異質なもののぶつかり、あるいは接触によって実現できるのだと思うのです。
　対立は是なり。ただし、むやみに反論のための反論をしたのでは人間関係を損ないかねません。主張する者も、反論する者も、まず自分の中で主張を明確にし、証拠を集め、論拠を考え、プロセスを踏んで、対立がお互いにとってより良い結果を生み出すのだということを信じて、真摯な態度で議論する。そういう姿勢があってはじめて、対立が是となるのです。
　元来人間は、向上を求めるように創られています。そして、**向上・成長は異質なもののぶつかり、あるいは接触によって実現できる**というメカニズムが人間の中に組み込まれているのだと思います。男と女があって子をもうけ、個性と個性があって集団の調和を作り、弁証法の「正・反・合」のように、意見の対立を持って新たな考え方を可能にする。そのような神の恩恵をフルに活用するためにも、私たちは論理力、すなわち考える力を磨いていかなければならないのではないでしょうか。

❸ Win-Winの方向を目指す

　ぶつかりを乗り越えてこそ、より価値のある決定がなされることがわかりましたね。それでは、次にWin-Winの関係を構築するプロセスについて解説しましょう。
　相手にとってもよい結果（Win）、自分にとってもよい結果（Win）となるように、しかも、両者の中間で妥協するのではなく、双方に受け入れられる第3の道を探るような話の進め方です。

1. Win-Winを構築する話のフロー

相手を理解し、自分の主張を理解してもらう過程で、実は相手が、最終的な結論が、自分自身が主体的に関わって創り上げたものだと信じられるようなフロー（流れ）を試みます。すなわち、こちらが説得するのではなく、相手が主体的に決定する。自立への働きかけをするわけです。その基本的な流れをまとめてみましょう。

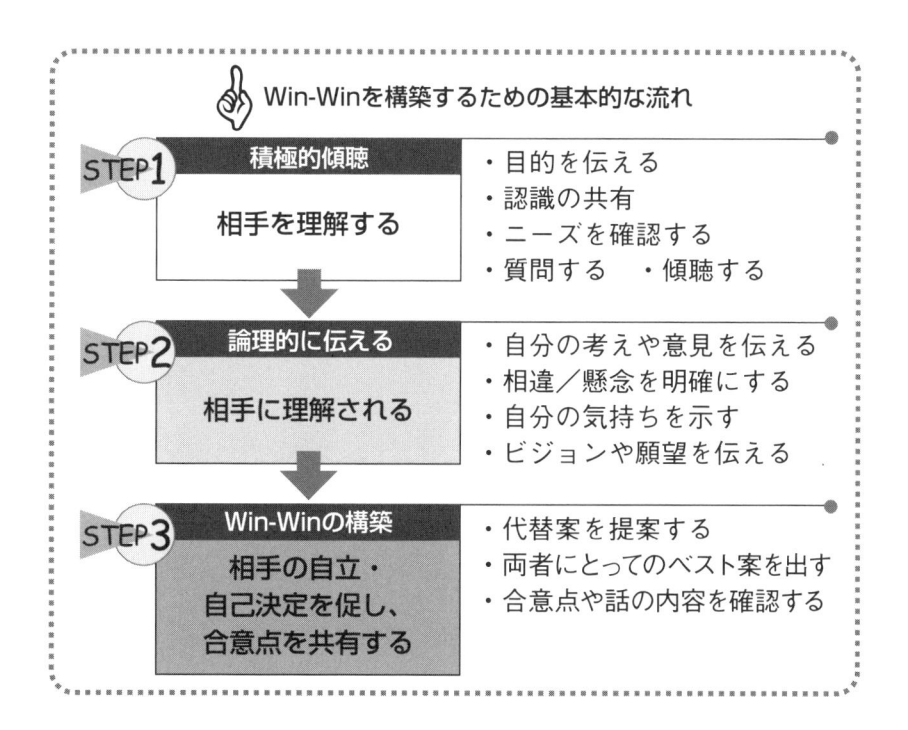

Win-Winを構築するための基本的な流れ

STEP1　積極的傾聴　相手を理解する
- 目的を伝える
- 認識の共有
- ニーズを確認する
- 質問する　・傾聴する

STEP2　論理的に伝える　相手に理解される
- 自分の考えや意見を伝える
- 相違／懸念を明確にする
- 自分の気持ちを示す
- ビジョンや願望を伝える

STEP3　Win-Winの構築　相手の自立・自己決定を促し、合意点を共有する
- 代替案を提案する
- 両者にとってのベスト案を出す
- 合意点や話の内容を確認する

2. Win-Winの解決策を構築するステップ

優れた営業担当者は、商談中90％以上の時間を質問したり聴いたりすることに使っていると言います。よいコミュニケーションを形作るのは、相手

を「理解する」作業なのです。相手を理解すればするほど、相手に理解されるというメカニズムになっているのです。リーダーが部下に、営業がお客様に、個人として相手に、どんなときでも、何かを説得したい場合の共通のステップを解説しましょう。

ステップ1　相手を理解する

　意識的に対話を通して問題解決を図ろうとする場合、まず話題・目的を設定して、時代認識や将来に対する見通しを共有した後、相手の状況について質問してみましょう。質問は、安全な事実に関することから始め、徐々に考え方や感情、相手の期待を聴くようにします。この段階では、極力自分の意見や考えを述べず、相手の発言を反復するようにして、共感的な聴き方を心がけましょう。相手の言うことに意味や価値があるのだということが実感できるように聴くことにより、相手は安心感を持ち、その結果自分の存在意義そのものを肯定的に受け止めてもらえるようになります。

　相手が、十分聴いてもらったと感じているようなら、次の「理解される」ステップへ移ります。状況が許せば、ポイントごとに質問で相手の事情に共感し、その上で主張を述べるのがよいでしょう。

●このステップで重要なスキル：傾聴・質問
　「〜についてのご意見はどうですか」
　「〜と考えていらっしゃるのですね」

ステップ2　相手に理解される

　このステップでも、基本は相手の言動に対して反復によるフィードバックを与えつつ、自分の意見や感情、願望を忌憚なく相手に伝えましょう。心を動かす伝え方を心がけて、徐々に相手に自分の主張を説得するよう誠意を持って話してください。最初は同意を得られなくても、随時相手の言い分を確認しながら主張してください。相手は、自分の意見を理解してもらってい

るとわかれば安心感が湧くものです。
● このステップで重要なスキル：説得的主張
　「〜という考え方はいかがですか」
　「〜されると実現できますが」

ステップ３　Win-Winの解決策を探り、合意点を共有する

　相手が十分聴いてもらったと感じたら、往々にしてこちらの主張に耳を傾けてくれるものですが、最終的には相手が自分の意見も取り入れられたのだという確信が得られるように促しましょう。自己決定を促すアプローチとしては、①自分の主張を闇雲に押し付けない。できるだけ多くのオプション（代替案）を考えておいて相手の言い分を取り入れながら、新しい案を作り上げていくように話を進める。②かなり意見の相違がある場合は、思い切ってその違った意見をぶつけて、第３の解決案をゲームのような感覚で一緒に創り上げてみる。全く異なる案により、双方のプライドが外れ、同意が得られることがあるかもしれません。そして、一旦合意したら、はっきり決まったことを言葉で繰り返して、お互いの共通理解とするようにしてください。

● このステップで重要なスキル：Win-Winの合意形成
　「例えば、〜はいかがですか」
　「〜なら、私も嬉しく思います」
　「〜して、しかも〜できる方法はないでしょうか」
　「では、〜ということでよろしいですね」

　自分が決定に参加したという自信と安心感が、今後の発展的な関係を促進し、両者の関係の存在意義を高めていくことにつながるでしょう。
　人は誰でも、自尊心を持っています。押し付けられた結論でもなく、押し付けてもぎ取った結論でもない、双方が協力して創り上げた結論こそ、信じて実行できるものではないでしょうか。

4 自尊心を高める話し方

さて、それでは、この章の最後に自尊心とコミュニケーションについてお話ししておきましょう。

1. 自尊心を高める

相手の能力や潜在力を信じることは、効果的な人間関係の基本です。後輩や同僚が目標を達成し成果を上げることに、自尊心が関わる部分は非常に大きいので、自尊心の維持・拡大は、上に立つ者として重要なテーマとなっています。

人は自分が認識する自分の能力のレベルに応じて動機付けられると言われています。自らが能力が高いと思う人は、高い能力を発揮して活動するでしょう。しかし、自分の能力が低いと思っている人は、成功の確率も低くなるのです。

上に立つ者は、関わっている後輩や同僚の能力向上に対して重要な役割を持っています。もし上に立つ者がメンバーの自尊心を傷つけたなら、そのメンバーの成果レベルにマイナスの影響を与えることは避けられないでしょう。逆に、上に立つ者がメンバーの自尊心に働きかけ高めたなら、そのメンバーの「有能に活動したい」という動機は高まると思われます。

■**自尊心を傷つける表現を高める表現に変える例**
[自尊心を傷つける言い方]
　君をこのプロジェクトへ参加させてほしいと言われているのだが、現状、君がリーダーとしてチームをまとめていくには、荷が重過ぎるかもしれないな。
　この発言では、「リーダーとしてチームをまとめる力が不足している」と

いうことを口に出して言うことで、相手の自尊心を傷つけています。実際は、まだまとめる力は低いのかもしれませんが、"低い"と言われると、"そうか、自分の能力は不足しているんだ"と思い、落ち込んでしまうかもしれません。それでは、どのように言えばよいのでしょうか。

[**自尊心を高める言い方**]

　君をこのプロジェクトへ参加させてほしいと言われているのだが、是非、活躍してもらいたいと思っている。特にリーダーとしてチームをまとめていくためには、どんな知識、スキルが必要か考えてみようじゃないか。

　どこが変わったのでしょうか。伸ばしてほしいテーマを告げて、どのようにすれば伸ばせるかを「期待」として質問形式で相手に問いかけるのです。そうすれば、相手も自分の不足点はそれとなく知っているはずですから、何とか改善して伸ばそうと努力への意欲が湧いてくるはずです。

　ポイントは「**期待を述べて、質問する**」です。1つ例を見てみましょう。

[**自尊心を傷つける言い方**]

　この分野については、まだ知識が浅いようだが、何か日頃から努力しているんですか。

　さあ、自尊心を高める言い方に変えてみてください。期待を述べて質問するのですよ。

[**自尊心を高める言い方**]

　あなたのこの分野での認識度を更に向上させるために、何かアイデアはありますか。

　いかがでしょうか。「**人は期待された通りの人になる**」(エンディミオン効果)と言われています。コミュニケーションをうまく取って、人を育て、人を生かす関わり方ができれば、会社の中もますますよくなるのではないでしょうか。

まとめの演習

『自尊心を高める表現』

新入社員のAさんは、入社半年で、プロジェクトをアシストする仕事をし始めた。しかし、これまでの行動は受身的な態度が多く、自己中心的な言動が目立つ。そこで、先輩社員のCさんは、新たなプロジェクトに入る前に、Aさんがもっと自主的に活動し、しかも協調性を発揮するために何をなすべきかを話し合いたいと思った。

[自尊心を傷つける言い方]

「これまでのプロジェクトで、あなたは積極的に学ぶ努力をしなかったようだね。何か理由はあるのかい？また、他のメンバーとの協調性に欠けていたということも、リーダーの佐藤さんから聞いているが……」

[自尊心を高める言い方]

『あなたの事例』

あなた自身の言ったこと、したことで、意図的に、あるいは無意識に人の自尊心を傷つけたものはどんなことですか。具体的に書いてください。

上記の表現を、どのように言いかえれば、あるいはどのようにやり方を変えれば、自尊心を高めることができるでしょうか。

第4章

文化の違いを超えるコミュニケーション

1 異文化間コミュニケーションとは

　最近では、ビジネス上の付き合いでも、外国人が登場することが増えてきました。日本人だし、日本が好きだし、外国語もできないし、日本国内のビジネスだけをしていこうと望んだとしても、取引先の担当者が外国人であったり、商品の調達先が外国だったり、工場では、従業員が外国人であったり……。
　外国との接触は日本の中にとどまるか否かに関わらず増えてきています。
　では、外国人とのコミュニケーションは、日本人と同じように考えればよいのでしょうか。もちろん、英語や中国語、ポルトガル語など言葉が異なるというのはわかります。しかし、外国人の担当者が流暢な日本語を操ってきたなら、コミュニケーションは日本人との場合と同じになるでしょうか。
　人はみな個性がある。その個性は氷山の水面下に蓄積されていて、それぞれの人の思考や言動を決めていると第1章で述べました。それぞれの個人にそれぞれの文化があるように、それぞれの国にも文化の蓄積があり、国民としての個性があります。外国の人とコミュニケーションを取るときには、その国の文化を意識して対応しなければ、スムーズな意思疎通は難しいでしょう。
　よく"人間みな同じ、ハラを割って話せば通じるものさ"などと言って、文化の違いを軽視する人もいますが、それは正しいアプローチとは思えません。
　国や地域や文化の違いに対して、みなさんはどのように感じますか。文化の違いに積極的な意味を与えるか、困りごとだから仕方なしに対応しなければならないと感じるか、大きく2つに分かれます。
　困りごとと見る見方と、積極的にプラスの意味を与える見方にもまた、それぞれ2つのステージがあります。米国のIntercultural Communication InstituteのMilton J. Bennett教授の考えを参考に説明します。

①回避ステージ
　文化の差などないんだと無視するか、困ることには目をふさぎ、異文化に

興味を示さない。この態度では、新たな発見や、異質の接触からの価値創造は見込めません。

②極小化ステージ

異文化の存在は認めるが、積極的に接することは望まない。極力接触を避け、最低必要な部分だけをマネージしようとする。この態度では、異文化のよい部分を積極的に見つけ出し、新たなチャンスを生み出すことはできません。

③適応ステージ

異文化の存在をよいことと感じ、積極的に接触を試みる。また、接触したからには相手の文化を取り入れようと努力する。"郷に入れば郷に従え"というのが異文化に対する態度である。この態度は、相手の文化にほれ込んで同化してしまうか、のめり込んだ反動が出て、相手の文化が嫌いになる可能性があります。

④統合ステージ

異文化を尊重し学ぼうとすると同時に、自国の文化に対しても誇りを持ち、積極的に説明を試みる。よい点を認め合って、双方に受け入れられる第3の文化を創造し提案できる。この態度では、あらゆる文化に対して偏見を持たず、共存し、ともに発展していくような付き合い方が可能になります。

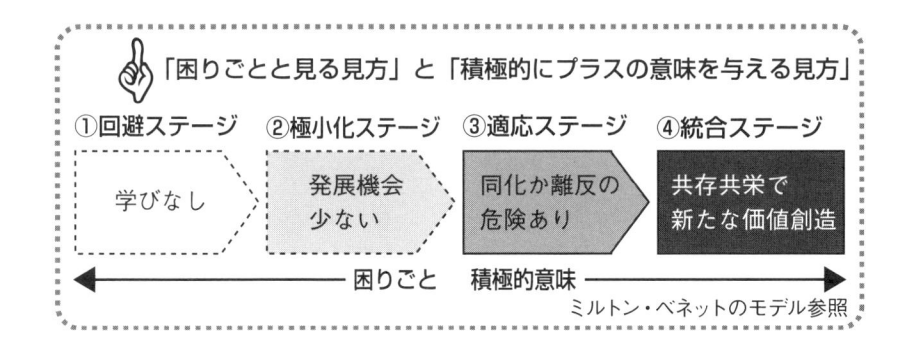

☞「困りごとと見る見方」と「積極的にプラスの意味を与える見方」

①回避ステージ	②極小化ステージ	③適応ステージ	④統合ステージ
学びなし	発展機会少ない	同化か離反の危険あり	共存共栄で新たな価値創造

←―――― 困りごと ――――― 積極的意味 ――――→

ミルトン・ベネットのモデル参照

基本的なことは、個人も国家もみな文化を持っており、氷山の水面下のよ

うに、その人のあるいはその国民の言動に影響を与えているという事実を認めることです。その上で、異文化と接触したときにどのように対応するか、という戦略を持って臨むことが求められます。

❷ 異なる価値観やスタイルの人との意思決定

異文化の人は当然のことですが、同じ文化の人でも、会社が異なれば社風が違うでしょう。同じ会社内でも、営業部と製造部では文化が違うことは想像に難くありません。異なる価値観やスタイルを持つ人とのコミュニケーション、特に何らかの意思決定を行わなければならないときの対応法はどうすればよいでしょうか。大きく方針、戦略、戦術のレベルで考えてみましょう。

[異文化間意思決定の方針]
・文化の違いはよいことだと信じる。
・異なる価値がぶつかることによって、よりよい考えや価値が生まれると信じて、積極的に接触・コミュニケーションを取る。
・両者には「2つの理解」があることを忘れず、ぶつかりが起こっても冷静に対応する。

[異文化間意思決定の戦略]
・積極的傾聴の3つのスキルを活用してよく聴く。
・建設的自己主張のステップを活用してよく話す。
・Win-Winの関係を構築するためにステップやスキルを使って、双方に受け入れられる第3の道を探る。

[異文化間意思決定の戦術]
・意思決定のためのルールを設ける。
　司会者、議題、時間配分、決定方法など。
・積極的傾聴の言語、準言語、非言語の各スキルをT.P.O.に応じて使う。
・建設的自己主張の反対意見を述べる手法、Win-Win構築のための話し方な

どを活用する。

　特に異文化状況における意思決定では、イライラしたり腹が立ったりなど、感情に捉われて冷静な判断ができなくなることが多くあります。以下のような項目に気をつけてコミュニケーションを進めましょう。
　異文化間での意思決定ミーティングに臨んだ場合、気をつけるべきことをリストアップしておきます。

=========== 異文化間ミーティングでのチェックリスト ===========

1. **他人の感情に対してどの程度敏感であったか**
　　　　言葉だけでなく、他の人たちの心の動きをよく観察する。目の動き、ちょっとしたしぐさなどに、イライラや喜びの感情が現れる。
2. **自分の感情や情緒をどの程度他の人たちに対して表現したか**
　　　　自分自身が感じるイライラや喜びを、言葉に出して表現するとともに、できるだけ体中を使って気持ちを表現する。
3. **どの程度、他人からの影響を前向きに受け止めることができたか**
　　　　他の人から（自分の文化に照らし合わせると嫌なことでも）影響を受けた場合は、「2つの理解」なのだと前向きに受け止めて、質問したり、確認したりする。
4. **あなたの言動は、グループの中で、他のメンバーの意思決定にどの程度影響力を与えたか**
　　　　自分の発言や提案が、全体の意思決定にどの程度影響力を発揮しているかを随時振り返りながら、積極的に関わる。
5. **自分の行動について、どの程度、他人からの見解（敵意・反論・反対）を受容できたか**
　　　　異なる価値観を持つ人なら、反論や厳しい反対意見も出る可能性がある。それらを感情的に受け止めないで、冷静に判断する。常に、

誰が正しいかではなく、何が正しいかを考える。
6. どの程度積極的に相手に対して聴く態度があったか
  聞きたくない意見でも、相手にとっては価値があるはずだと思い、偏見を持たずにしっかり聴く。
7. 他のメンバーと、どの程度深く人間的関わりを持とうとしたか
  単なる意思決定の手段としてミーティングを捉えず、よりよい人間関係を構築するチャンスとして捉える。
8. どの程度、他のメンバーを信頼していたか
  すべてのメンバーは等しく大切な存在だと思い、自尊心を傷つけないように、信頼感を高めるように対応する。
9. どの程度、自分の行動に対して、自分自身が意識を持っていたか
  常に、自分の言動を客観的に見つめ、必要に応じて矯正できるような余裕を持つ。
10. どの程度、衝突を乗り越えるための戦略を意識的に実践したか
  厳しい議論や対立・衝突が起こったときには、意識的に対立を乗り越えるための戦略・戦術を実行する。

　異文化の人たちとも温かいコミュニケーションを行える気がしてきたでしょうか。チェックリストの最後の項目に、「衝突を乗り越えるための戦略」とありました。これは重要なので、別途まとめて考える必要があります。次の節でお話ししましょう。

③ コンフリクト（衝突）にどう対応するか

　異なる個性を持つ人間が共存する世界ですから、個性と個性とのぶつかりが、衝突を起こすことは避けられません。大切なのは、それにどう対応するかです。

> 組織内の（著者加筆）摩擦のほとんどは、互いに相手の仕事、仕事の仕方、重視していること、目指していることを知らないことに起因している。その原因は、互いに聞きもせず、知らされもしていないからである。

P.F.ドラッカー著『明日を支配するもの』（221〜222頁）より引用

ドラッカーが言うように、まずは相手に関心を持つことから始まります。

衝突がないといっても、無関心で接触がないのでは解決のチャンスさえないのですから。では、コンフリクト（衝突）のメカニズムを見てみましょう。

1. コンフリクトとは

Conflictを直訳すると、闘争、矛盾、対立、衝突、葛藤などとなります。これも異文化への対応と同じで、困りごとだから避けたいと考えるのではなく、問題に焦点を当て、自由なディスカッションをすること、異論や反論を述べ合うことで、よりよい問題解決策を創り出すためのチャンスと位置付けています。実践には、密なるコミュニケーションが欠かせません。

2. コンフリクトの種類

［正しくないコンフリクト］
・自文化中心主義で、いがみ合いや単なる感情的対立をもたらすもの。
［正しいコンフリクト］
・意見と意見、知恵と知恵の融合でより優れた答えを導き出すもの。
・多様性の相乗効果を信じ、互いに尊重し合うという信頼関係があるもの。

おわかりのように、正しいコンフリクトは知識創造、価値創造を起こす機会となります。

3. 正しいコンフリクトを生み出す3つのルール

ルール1

人にではなく問題点に焦点を当てて、解決策を探ること。
決して相手の人格や人間性を攻撃するものであってはいけない。

> ルール2

ある意見に対して反対意見を出す場合には、必ず自分なりの代替案を出すこと。

> ルール3

コンフリクトの結果、たとえ自分の考え方と違っていても、チームの合意に達した決定事項に関しては、必ず従うこと。

4. コンフリクトに対する２つの対応姿勢と５つの対応

(1) ２つの対応姿勢

①**主張的姿勢**：リーダーのニーズを中心に、説得を試みるタイプ。
②**協調的姿勢**：メンバーのニーズを中心に、支援を申し出るタイプ。

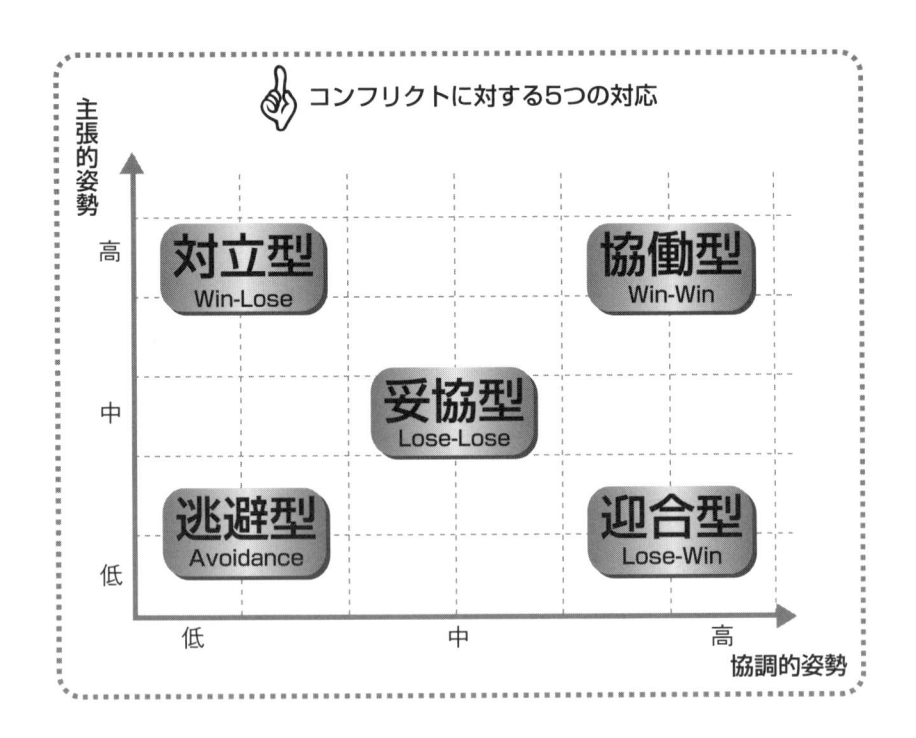

☞ コンフリクトに対する５つの対応

縦軸：主張的姿勢（低・中・高）
横軸：協調的姿勢（低・中・高）

- 対立型 Win-Lose（主張的姿勢：高、協調的姿勢：低）
- 協働型 Win-Win（主張的姿勢：高、協調的姿勢：高）
- 妥協型 Lose-Lose（主張的姿勢：中、協調的姿勢：中）
- 逃避型 Avoidance（主張的姿勢：低、協調的姿勢：低）
- 迎合型 Lose-Win（主張的姿勢：低、協調的姿勢：高）

(2) 5つの対応
①逃避型対応（Avoidance）
　異文化の回避ステージと同じ感覚です。コンフリクトを避け、接触を避けます。衝突があることすら認めなかったり、あえて見ないふりをして避けるので解決のチャンスはありません。ただ、相手が悪意を持って攻撃してきたときなどは、一旦回避することも必要です。
②対立型対応（Win-Lose）
　ポジションパワー（地位の力）などを活かして説得したり、強い態度で相手を説き伏せたりする対応です。自分はOKですが、相手が折れることになり、双方にとってプラスとは言えません。ただ、緊急時や、相手が未熟で、まずは有無を言わせず従わせた方がよいときなどは、強く言えることも必要でしょう。
③迎合型対応（Lose-Win）
　相手の主張を活かして、自分は我慢するアプローチです。弱々しく、相手の言いなりになってしまう可能性があり、双方にとってプラスとは言えません。ただ、相手のレベルが上がってきて、ここは何も言わず任せてみたいと思うときなどは、思い切って自分は身を引くことも有効でしょう。
④妥協型対応（Lose-Lose）
　双方の納得できる中間点で妥協するアプローチです。中道のようですが、双方の不満を処理せず、安易に中間点で折り合いをつけるというアプローチは、双方に徐々にストレスが溜まり、長期的には信頼関係を創ることになりません。双方とも不満が残るという意味でLose-Loseの関係です。ただ、意思決定のための時間が限られているときなどは、暫定的に妥協できる技術も必要です。
⑤協働型対応（Win-Win）
　本音を話し合って、双方の納得できる第3の道を探るアプローチです。コンフリクトに対しては、このアプローチがベストでしょう。ただ、このアプローチを実現するためには、お互いの目的意識や気持ちなど、じっくりと話

し合う時間が必要です。十分な意思疎通なしに協働型を実現しようとしては、中途半端で終わったり、かえってこじれた状態を後に残したりするので危険もともないます。時間をかけて、コミュニケーションの技術を駆使して対応することが重要です。

5. コンフリクトに対応する３つのスキル

コンフリクトに対応する３つのスキル

STEP 1 受け止める
相手の発言をよく聞いて、重要点を質問する。回答を共感的に受け止めて、更に絞り込んだ点に焦点を当てて質問やコメントを与える。

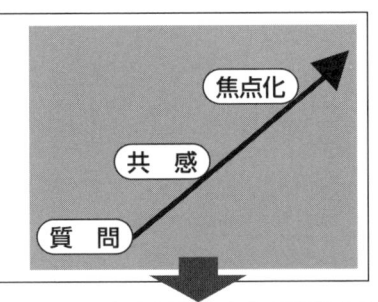

焦点化
共感
質問

STEP 2 交換して検証する
焦点化されたポイントに対して、自分の意見を述べたり、客観的な情報・データを交換して検証を試みる。

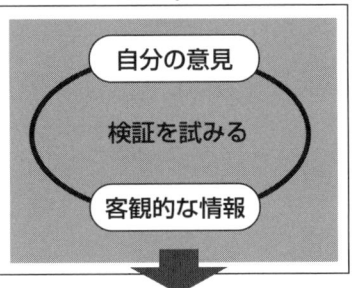

自分の意見
検証を試みる
客観的な情報

STEP 3 創造する
検証されたポイントに対して、反論を試みる。意見の対立を起こすことで考察を深め、その過程で新たな考え・価値を生み出していく。

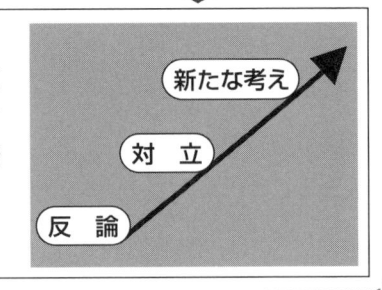

新たな考え
対立
反論

まとめの演習

『コンフリクトへの対応』

　新入社員のAさんは、また係長とぶつかりました。係長の指示で作り直した企画書を、やっぱりもとの形で提出してほしいと言われたのです。もとのデータは、もう捨ててしまいました。もとに戻すには、プリントアウトしたものを見ながら、再度多くの文字を打ち込まなければなりません。このような、理不尽な指示には我慢できません。

　4つのコンフリクトへの対応姿勢（回避型を除く）のそれぞれの対処法を考えてください。

●対立型

●迎合型

●妥協型

●協働型

第5章 真のコミュニケーションを目指して

1 人間としての真のコミュニケーション

　ここまで、コミュニケーションの方法について様々に考えてきました。異なる個性がある以上、何らかの手法を使ってコミュニケーションを取らなければ、社会生活も会社の運営も成り立たないのはわかりますね。
　では、人間はなぜみんな異なるのでしょうか。自分と他人はどこが違うのでしょうか。あなたがあなたである根拠は何なのでしょうか。

　例えば、あなたは有名なマラソン選手だとしましょう。足の速さでは誰にも負けない、そんな自負を持っていました。オリンピックにも出場する予定になっており、着々と準備をしていました。国民も期待し報道関係者も連日取材にきています。ところがある日、練習中に車と接触し、打ち所が悪かったのか下半身不随になってしまいました。今まで、自分は一流のマラソンランナーで、国民の期待を一身に浴び、注目の中で成果を出していくのが自分の姿だと思っていました。それがほんの一瞬の出来事で、もはや特別の期待の星ではなく、ただの人になってしまったのです。いや、ただの人というより、他人の手を借りなければ生きていくことも難しい障害者になったのです。そんな境遇に遭ったら、あなたは耐えられますか。

　自分と他人を区別していたものが、「足の速さ」であったとしたら、それがなくなった今、あなたはアイデンティティ（自己同一性）を失い、失意のうちに人生から逃避するかもしれません。
　考えてみましょう。もし、あなたのあなたである意味が、「足の速さ」なら、足を切ったらあなたは、あなたでなくなりますか。下半身不随になったら、手を切ったら、目が見えなくなったら、あなたでなくなるのでしょうか。身体の一部がなくなっても脳があり、心臓が動いていれば、あなたは存在し

ていると言えるかもしれません。意識があることが存在の証明だと主張する人もいるでしょう。では、脳が機能しなかったら、どうでしょう。植物人間になったら、人間でなくなるのでしょうか。一体、あなたはどこにいるのでしょう。

少なくとも、人間の存在が肉体だけで定義されるものでないことはわかったように思います。マラソンができなくなっても、新たな人生を歩み始めることができるのですから。**考えひとつで、自分の未来を変えていくことができる**のですから。

では人間は考えることにより人間であることを許されるのでしょうか。脳の機能が損なわれた人は、人間ではないのでしょうか。脳死した人からなら、臓器を取り出しても構わない、心臓さえも移植して、元の体を完全に死滅させることも許されるのでしょうか。私はそうは思いません。

植物人間になっても、私たちはその「人」に愛情を感じ、人間を感じ、尊厳を感じるのではないでしょうか。人間の存在は脳の機能ではないのです。人間の個性を担保するものは、運動能力や技術力などの肉体的個性でも、知能指数や思考技術など脳の作用でもないことはわかってきました。

では、自他を分けるのは一体何でしょう。人間は一体何をもって人間と言えるのでしょう。私は、人間の心には身体とは別のレベルの意志が働いていると思っています。肉体がどんな状態であろうと、働いている意志、**個性を持った意志こそ人間の本質**ではないかと思います。

第1章で述べた心の階層構造で言えば、願望と潜在ニーズの中間あたりにある、心の中心です。「意思」は"私は〜と思います"のような考えのことですが、「意志」となると、もう少し深く、心の中のうずきとか、一生をかけて成し遂げたい強い願望のようなものを意味します。意志について、イタリアの心理学者ロベルト・アサジョーリは、彼の著書『意志のはたらき』の中で、次のように書いています（10、11頁より引用）。

——「私たちが自分の意志に気づくのに、最も身近で簡単な方法としては、断固として行う行為や、争いを通してのものがあります。私たちが肉体的あるいは精神的に頑張る時、何か障害になるものや力に打ち勝とうと頑張っている時、私たちは自分の中から湧いてくる特別な力を感じます。この自分の中にあるエネルギーにより「意志」を体験できるのです。
　……。
　自分の中の意志の発見、さらには自己（セルフ）と意志が密接につながっていることへの気づきは、一大変化をもたらします。この変化により、私たちは自己に気づき、自分自身や他人や世界に対するとらえかたが変わるのです。……。
　……このせっかくの気づきを確実に自分のものにし、その偉大な力を活用するためには、守り、育て、強化していく必要があることは明らかです。」

　アサジョーリの言う意志は、人間のあらゆる活動を取り仕切っているのは意志であり、さらに意志の中核にセルフ（自己）があると言っています。肉体とは別の心の中核がセルフで、セルフは意志を発揮して自分の心の表面的な部分、すなわち感情や思考を統御しているのです。
　一般的に、このセルフの部分を魂と呼んでいます。**セルフは、本質的には利他・愛他の意志を持っています**。しかし、セルフには個性があり、その意志の発揮の仕方にも個性が現れます。人間として成長していくためには、セルフと意志の存在を認識し、そのような意志を自ら持っていること、そして自らが意志そのものであることに気づくことが必要であり、その上で意志をより強くするとともに、より有能でたくみなものにすることによって、自分にも他人にも善いものにしていくことが大切です。

1. 意志の３つの側面

アサジョーリは『意志のはたらき』の中で、発達した人間の意志には次の３つの側面があると述べていますが、私たちは、生活のあらゆる場面で適切に意志を発揮できるように３つの意志をバランスよく育てていくことが大切です。

①強い意志

ひとつのことをし続けるとか、決めたことを必ず実行するとか、断固として闘うとか、苦しみや困難に打ち勝つといった、従来使われている意志に最も近い側面です。"意志が強い"、"強い意志を持て"など、意志といえば自然に強いという形容詞がつきます。

②たくみな意志

できるだけ効率よく、最小のエネルギーによって望む結果を得るために、どうしたらよいか考えるといったときに発揮される側面です。

自分の性格や能力にあった方法で何かを実行するとか、相手の特徴を考えて対応するとか、ムリやムダを取り除くように工夫するとか、効果・効率中心に発揮される意志の側面です。

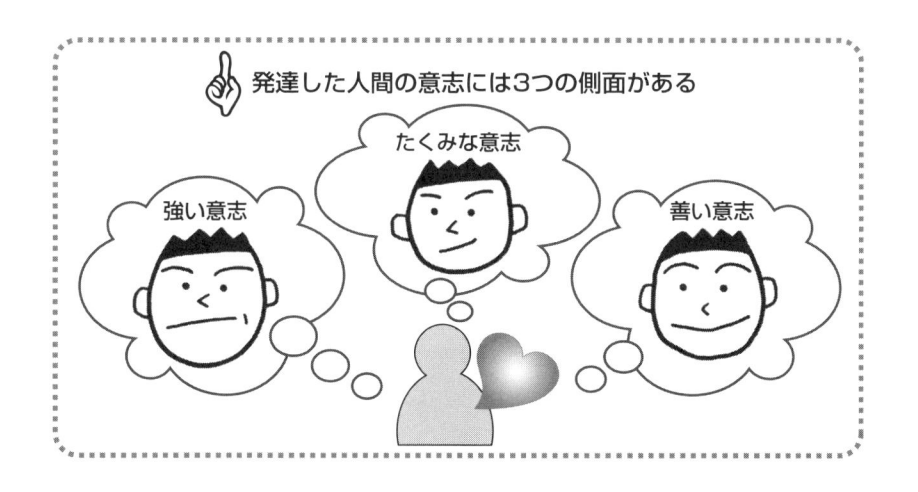

③善い意志

　物事は、強い意志とたくみな意志で、がむしゃらに、また要領よく行動すれば達成するかもしれません。しかし、その結果が世のため人のためにならないことであったり、実現の過程で人々が傷ついたりしたのでは人間として正しい行為とは言えません。大きな自己実現は、悪用されれば、大きな社会問題や悪事、戦争などに結びついてしまいます。行動の目的が、自分にとっても相手や周りにとっても、安心、満足、幸福などをもたらすものであるかどうかを基準に考えて発揮される意志のことを善い意志と呼びます。

　善い意志は、このように自他（大きくは地球を含めて）にとってより良い方向性を示してくれる側面です。

　意志の本質の中に「善い意志」があると教えてくれたアサジョーリはすごいですね。人間が本来善性を持つことを教えてくれる面白い例があります。

　介護の世界にセンセーションを起こした考え方があります。Naomi Feil（ナオミ・フェイル）というアメリカの介護の専門家が創始した、アルツハイマー型痴呆症やそれに類する混乱状態にあるお年寄りのための最高のセラピーとして世界中に浸透しつつあるバリデーションという考え方がそれです。フェイルは脳の機能が破壊された痴呆症のお年寄りでも、直接「心」に訴えかけることである意味での意志の疎通、いや少なくとも感情の交流が可能になることを証明しています。更にここで言いたいことは、人間が思考不能になったとしても、「心」が望むことは共通しているということを発見したのです。人間の心が望む共通のものとは何か。フェイルによるとそれは3つです。**①役に立ちたいという願望、②愛を与えたい（交流したい）という願望、③感情を開放したいという願望、すなわち素直な気持ちになりたいという願望**です。

　もうおわかりでしょう。本来人間であることで、心の中に上記の3つの願いが埋め込まれているのです。それを昇華させることが志を創るのです。

アサジョーリといい、フェイルといい、人間の本質に善性や愛や利他の思いが埋め込まれているという主張は真実だと思います。もちろん肉体を持ったことによる肉体本能というものは否定しがたいものであり、それが種の保存を促し今日まで人類を存続させてきたことは事実です。人間は、肉体を持つ以上、肉体本能に起因する困りごとや悪事も行うでしょう。しかし、人間の本質は肉体ではなく心にあります。そうであるならば、対人コミュニケーションにおいても、心を磨くことを抜きにして考えることはできないのです。

　言いたいことは何かというと、コミュニケーションを取るときには、表面的な手法だけでは化けの皮がはがれてしまう。もちろん手法は大切です。技術を使えることは大いに役に立ちます。しかし、**心がともなわなければ、真のコミュニケーションは図れません**。心の底から、魂と魂が交流するつもりで、善念を込めてコミュニケーションする必要があるということです。

❷ 想いの力、言葉の力、イメージの力

　価値を創造し、新たな文明を創ることが可能な現代、みなさんにはコミュニケーションの力で未来を切り拓いていただきたいと思っています。最後に、夢・志を実現するための3つの力についてお話しします。

1. 想いの力

　未来は自らの想いの中にあります。想ったことがすべて叶うとは限らないとしても、自らが想わなければ、未来を創ることもできないのです。前職の経験ですが、2人の社員がいました。2人とも海外での仕事にあこがれていましたが、Aさんは、ただ漠然とそう思っていただけで、特に何かことを起こすということはありませんでした。ところがBさんは、どうしても海外で仕事がしてみたいと強く願っていたので、いつもその思いを人に話していました。そうすると先輩から「こんな勉強をしてみたらどうか」とか「こうい

う本を読むと参考になるよ」とか色々アドバイスをもらうようになりました。そこでBさんは、熱心に勉強し、努力し、上司にもことあるごとに自分の思いを述べるようにしていました。お察しのように、海外赴任が実現したのはBさんの方です。当然ですが、自らの願いが本物で、本当にそれがしたいと強く念ずるならば、それに応じた言動をとるようになるでしょう。そうしたら、周りにも影響を与え、実現のスピードは早くなります。

　その願いが世のため人のためになるような、**利他の思いに基づいているの**なら、周りの皆は喜んで支援してくれます。共に人を動かし、インスピレーションを与え、実現が早まるように助けてくれるでしょう。周囲を巻き込んで動く方が実現が早まるのは明らかです。まずは、自分の決意・強い想いが出発点です。

　もし、願いが叶わないとしたら、点検するべき点は3つ。1つはその願いが自我我欲から出ていないか、周りが協力したくないと思うような望みは実現が難しいと言わざるを得ません。

　第2には、想いの強さが足りないのではないかという点です。本当に強い想いは周りにも伝わります。強く決意し、日々に想いを絶やさないことが重要です。

　第3点は、実現しないことを他人や環境のせいにしていないかという点です。想いは実現するといっても、いつどのような形で実現するかはわかりません。まだ実現しないことを、他人のせいにしたり、環境のせいにしたりしていたのでは、努力しない言い訳を作ってしまいます。成功を果たすのは、他の誰でもない自分です。自らの成功に自分が責任を持つことです。堕落するのも、諦めるのも、すべて自分の責任です。ならば、最後まで自らの総力を発揮して、あきらめない勇気を持って、**自分自身の責任として**成功を目指し、努力を続けましょう。

2. 言葉の力

　決意が強ければ、それだけでも周囲に影響を与えますが、より直接的な影響を与えるためには、**想いを言葉にする**ことです。力強い言葉には現実を引き寄せる力があります。まず、自分の想いを言葉にして書いてみましょう。前向きで、積極的な言葉で簡潔に書けたら、それを目に着くところに張るなりして、毎日声に出して唱えてください。書くことで決意が固まり、声に出して言うことで、自らの決意を耳で聞いて胸の奥に落とすことができます。また、力強く簡潔な文言ができたなら、公に見えるところに張り出し、人々の話題にしましょう。もしかしたらその中に協力者がいるかもしれません。毎日言葉で唱えることで、自らの中では、それが既成事実のように、当然起こることのように思えてきます。疑いのない事実として未来を受け止めるのです。

3. イメージの力

　簡潔な言葉はいわば、目的・目標・コンセプトです。「大家族が集える明るく楽しい家を建てるぞ」と言い続けることは重要ですが、もう一歩足りないのは、**具体的なイメージ**です。詳細なイメージを提示できなければ、協力者も何を協力してよいかわかりません。木造かコンクリートか、何階建てか、電気系統はどうなっているのか、窓やカーテンは……。私たちは設計できること以上の建物は建てられないのです。細部にわたってイメージするには、建築についてよく知る必要があるでしょう。電気や水廻りの知識も必要でしょう。積極的な想いで、明確な目的・目標・コンセプトを持ち、そして具体的なイメージを発信できたなら、自分が次に何をしなければならないか、誰に会い、どのような方向に努力をすればよいかなどが見えてきます。そうすると、実現のスピードは各段に早くなっていくのです。成功の鍵は、想いと言葉とイメージの力であると述べておきたいと思います。

4. サクセス・マインド

　さあ、成功のイメージが明確になったら、もう1つだけ確認しましょう。あなたは、何のために成功したいのですか。あなたが生まれた意味は何だったでしょうか。

　自分の最高の光を放ち続け、人々を幸福にするぞと願い続け、人々の幸福を願うことが自らの幸福であると心で感じ、**あらゆるものに感謝**の気持ちを持って、毎日努力・精進をすること。ここぞと思うときには**「機を見るに敏」**となり、積極的に打って出て、逆境にあるときは静かに反省しながら**自己鍛錬を怠らない**。

　成功とは、自分が成功していると思えること。成功の基本は、森羅万象すべてに感謝できること。生かされていることに感謝して、報恩の思いで自らが決めてきた使命を果たすぞとエネルギーを燃やすこと。あなたの存在で、周りが明るくなり、一歩ずつでも世の中がよくなっていくと実感できることが、成功ではないでしょうか。

　心パワーを全開にして、コミュニケーションを通して、**世のため人のために一肌脱いでみよう**と思っていただければ、これほど嬉しいことはありません。

まとめの演習

『意志の発揮』

あなたが今までに意志を発揮したと思う場面を思い出してください。3つの意志に該当すると思われる言動をリストアップしてみましょう。

● 強い意志
　（例）きついスケジュールでも努力して納期・期日、約束事を守った。

● たくみな意志
　（例）外回り営業では、訪問先の重要度と地理的位置の関係を整理して効率的な移動を考えた。

● 善い意志
　（例）妻が妊娠したので、今後の家族の健康を考えてタバコを止めた。

Part II

集団による
コミュニケーション

第6章 会議とは何か

1 会議とは何か

　人が集まれば会議になるかと言うと、そういうわけにはいきませんね。集まってはみたけれど、ああでもない、こうでもないと話が右や左に揺れ、結局意思決定ができない。みんなの気持ちもすっきりしない、というような経験をお持ちの方も多いと思います。会議では、何人かの人が集まって、一定の共有された方法で、みんなが納得できる結論を出すことが求められます。PartⅡでは、PartⅠのコミュニケーションの方法を活用した上で、効果的な会議が運営できるように、また、参加者として貢献できるようになるための様々なスキルや考え方を学びます。

　会議と単なるおしゃべりは、どこが異なるのでしょうか。会議はなぜ必要なのでしょうか。会議が必要とするならば、どのようにすれば効果的に進めることができるのでしょうか。

　会議によって、チームや組織のベクトルを合わせ、意思を決定し、決定した意思の共有化を図ることができます。しかし、会議は、多くの人の多くの時間を必要とします。ムダな会議、非効率的な会議は生産性の敵と言えるでしょう。PartⅡでは、会議を開催する前から終了後まで、時系列を追って会議開催・運営・参加に必要な具体的なスキルを解説しますので、実社会で実践できる基本的な会議力を身につけることが可能になります。

　会議とは、必ずしも全員で意思決定をするものだけではありません。会議の目的は、大きく3つあります。次に示す目的を1つ以上満たしていれば会議は成立すると言えます。逆に、どの目的も満たさないものは、時間の無駄としか言いようがありません。

1. 会議の３つの目的

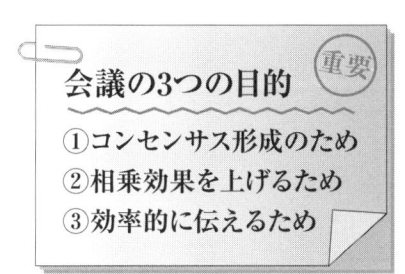

> **会議の3つの目的** 重要
> ①コンセンサス形成のため
> ②相乗効果を上げるため
> ③効率的に伝えるため

①コンセンサス（合意）形成のため

　何らかの意思決定を目指した会議のことです。参加者が一定のルールに従って討議し、コンセンサス（合意）を形成するものです。みんなで決定すれば、全員が意欲を持って取り組めます。

②相乗効果を上げるため

　意思決定はしないのだけれど、何かアイデアを考えたいときなど、何人か集まって、ワイワイガヤガヤ、色々自由に話し合うことが重要です。互いに刺激し合って、ひとりでは思いつかなかったようなアイデアが生まれれば嬉しいですね。

③効率的に伝えるため

　多くの人に一斉に情報やメッセージを伝えるための会議です。トップの考えを直接社員に伝えたいときなど、社員を集めて会議をします。議論をして合意を作るのではなく、発信者の思いを直接、臨場感を持って聞いてもらいたいときなどに行います。

　一般的に、会議は上記①の目的で行うことが多いです。しかし、②や③の場合もありますので、しっかり目的意識を持って会議を開催することが基本です。会議を開催することで、会社の方向を決め、参加している人の合意を得て、一致団結して仕事にあたることができれば、会社の発展は約束される

ことでしょう。そのように重要な会議ですから、効果的かつ効率的に運営することが求められます。

なぜ、効果的な会議運営が必要なのかをまとめてみましょう。

2. なぜ効果的な会議運営が必要なのか

①会議開催にはお金がかかる

会議を開催するには、場所を確保しなければなりません。集まる人の時間を拘束しなければなりません。従業員1人の1時間当たりの費用は数千円以上と思われます。役職者であればもっと多いことでしょう。遠くから来る人には交通費も払わなければなりません。お昼をはさむ場合は弁当も用意する必要があるでしょう。他にも多くのスタッフが準備をしたり議事録を作ったり、様々な作業を行わなければなりません。1回の会議を開催するには、何十万円も何百万円もかかることになるのです。

では、その会社のお金はどこから生まれてくるのでしょうか。会社のお金と言いながら、そのお金は商品やサービスを買ってくださったお客様からいただいたものです。お客様から預かった大切なお金をつぎ込んで、会議を開いているのです。だから、真剣に、効果的・効率的運営を考える必要があるのです。それがお客様に対する責任というものです。

②会議開催には人手がかかる

上記でも述べましたが、多くのお金がかかる、そのお金の大部分は人件費（人に関わるお金）です。人がいなければ会議は成り立ちません。人は営業をし、作業をし、生産にたずさわり、そして会社の利益を生み出します。その貴重な人の活動時間を、会議という形で取り上げ、一箇所に集めるのですから、大切に使わなければいけません。

また、会議は、集まって会議をする人だけでなく、運営スタッフ、準備のために資料やデータをまとめる人、議事録を作る人、場所を確保したり、会場の準備をしたりする人など、実に多くの人が関わってきます。それらの

人々に、会議の目的や性格を知ってもらい、情報を共有して成功に導くには、多くのエネルギーを要するのです。ですから、会議を効率よく運営する仕組みを考えることは重要になってきます。

③会議により、コミュニケーションが深まる

このように労力をかけて会議を行うのですが、それなりに大きなメリットがあります。もちろん、会社の方針をコンセンサスを形成して決めるということは経営幹部にとって最大のメリットでしょう。しかし、それだけでなく、効果的な会議をすることで得られるメリットは他にも色々あります。

ひとつはコミュニケーションが図れるという点です。eメールや文書での情報交換だけでは、伝える人や受け取る人の気持ちまで伝わることは難しいでしょう。しかし、会議では、一定のルールを設けて、自由に話したり、議論を深めたりすることで、お互いの考えや気持ちを理解し合い、**人間的により密度の高い信頼関係を構築することが可能**です。

信頼が深まらないようなコミュニケーションしか取れない会議であれば、逆効果ですからしない方がよいかもしれません。密なるコミュニケーションができるような、よい会議運営・参加の方法を学んでいきましょう。

❷ 会議が失敗するとき

目的意識をしっかり持って臨めば、よい会議ができるはずです。しかし、多くの会社では、「会議の90％は無駄だ」と言われています。にも関わらず、一旦会議として位置づけられると容易に止めることはできません。

会社の仕組みとして正式に位置づけられた一連の会議を「会議体」と呼びます。会議体になってしまった90％が無駄だとしたら、その原因を探って改善すれば、会社の運営もよくなることでしょう。

昔からよくない会議の状態を「会議の3悪」として戒めています。

1. 会議の3悪

会議の目的①のコンセンサス形成のための会議を行うときによく現れる、よくない行動が3つあります。「会議の3悪」として覚えておきましょう。

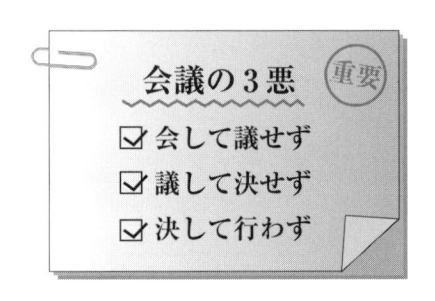

> **会議の3悪** 重要
> ☑ 会して議せず
> ☑ 議して決せず
> ☑ 決して行わず

①会して議せず

「会す」すなわち集まるが、「議せず」すなわち議論しないことです。形式的な会議、やる気のない人の集まり、目的意識がなく、ただ時間つぶしのような会議、そんな会議では、もちろん議論は活発になされず、発言に責任も持ちません。

目的意識があり、きっちりした会議であっても、上下関係があり、お互いに遠慮や押し付け意識が漂って、本音の議論ができない状態も「議せず」の範囲に入るでしょう。

会議は多くの人の時間を奪います。その時間が無駄に使われたのでは、会社の効率的な運営の妨げになるばかりか、参加する人たちのモチベーション（動機）を下げることになります。

②議して決せず

議論は活発化されていて、みんなが忌憚なく意見を述べ合うというよい会議が進められていますが、司会者の力量か、参加者のエゴか、あるいはみんなの協力意識の欠如か、何らかの原因で結論が出せない状態です。全員の合意が得られなければ、その後の行動を決められないで、みんな何をしてよい

か迷うことになります。あるいは、決定がなされないので、社員が好き勝手に行動し、会社としてのベクトルが合わないことになります。

③決して行わず

議論の結果、決定は行われるのですが、その決定をみんなが守らない状態です。自由な議論がなされる空気はよいのですが、自由であるがため、決定したことが自分の考えに反しているときに、決定を無視したり、意欲的に実施しない状態です。会社としては、決定された意思が実施されず、ベクトルが合わせられない状態です。

「会議の3悪」で効果的でない会議をチェック

2. 効果的でない会議を作る要素

効果的でない会議を3M（ムリ、ムダ、ムラ）でチェックしてみましょう。

①ムリな会議

　1時間の予定で会議が設定されているのに、7つの営業所の担当者の報告があり、その後、7営業所の共通の問題点を討議し、対策を練る。しかも、会議の初めに統括部長の総括講話がある。このようなスケジュールが、1時間で収まるとはとても思えません。もともと無理な議題設定では効果的な会議は実践できないでしょう。

　未来の商品検討会議とか、大きなテーマでありながら、検討資料や予備知識も与えず、参加者の意識も低い状態では、実りある会議は無理でしょう。

　討議すべきテーマ、議題の量、参加者の適切さなどを考え、無理のない会議を目指さなければなりません。

②ムダな会議

　営業所長が集まった会議で、順々に業績結果の資料を読み上げるだけでは、みんながそこに集まった意味がありません。情報を得るだけなら、eメールでも可能です。開催する必要がないのに惰性で行うような会議は無駄です。

③ムラのある会議

　会議のある局面では活発な議論がされたが、ある部分では、上司の自慢話を延々と聞かされ、ある場面では誰が何をしてよいか迷っているというような、統制のとれていない会議、運営のよくない会議はムラがある会議と言わざるを得ません。

　会議には、人もお金もエネルギーもかけるのですから、ムリ・ムダ・ムラを排除して、付加価値の高い生産的な会議を目指す必要があります。

```
《生産性の高い会議》
 ムリ ┐
 ムダ ├ をなくして、付加価値を高める
 ムラ ┘
```

3 会議に臨む心がまえ

　では、よい会議をするための心がまえとは何でしょうか。大切なお客様のお金を使い、忙しい優秀な社員を数多く集め、貴重な時間を費やして行う会議ですから、開催する側も参加する側も、次の点を肝に銘じておかなければなりません。

1. 会議は生産性を向上させるための最重要ツール

　世間の会社の会議の90％が無駄だと言われていると述べましたが、それでも会議には意味があるのです。会議の3悪があるから会議を廃止すべきだとは思いません。自動車は事故を起こすから廃止すべきだという議論が的外れなように、無駄の多い会議があるから会議すべてをなくせという前に、本当に意味のある会議を選別し、本当に意義のある会議に改善していければ、**これは社員のベクトルを合わせ、コミュニケーションを通して一致団結し、未来を創造できる生産的な機会**になると思うのです。

　それでは、そのような頼もしい会議を実践するために、会議に臨む心がまえについてお話ししておきましょう。

　効果的な会議の定義は、下記のように言われています。

> 　効果的な会議とは、参加者が当事者意識で議論に参加し、最小限のリソース（時間、人、コストなど）で、会議の目的を達成することである。

2. 効果的な会議の特徴

①会議の開催側も含めて、参加者が当事者意識を持って臨んでいる

他人事と思わず、会議で成果を上げるのは自分の責任であると思っている。運営側が惰性で開催し、参加者への参画要請や確認などを怠っていたり、参加者も、準備をせず、出席してから「今日は何の会議？」などとしらけているような状態では効果はゼロです。

全員が、準備をして臨む。必要とあらば、事前に連絡を取り合って、打ち合わせをするくらいの参画意識が求められます。

②**最小のリソースで最大の効果を上げている**

会議は大量の時間と人とお金を使います。それらはすべて重要な経営資源です。最小の経営資源を使って最大の効果を上げる、最小の経費で最大の売上げを上げることとまったく同じです。経営そのものです。

そのために、準備をしっかりして、ムリ・ムダ・ムラを排除し、付加価値を創造するように努めなければなりません。

③**全員が目的達成意識を持って臨んでいる**

会議は繰り返していると、会議をすること自体が目的になりがちです。毎回の会議には明確な目的があります。常に目的を達成することを意識し、全員がそれを忘れないで協力するような会議は効果的な会議です。

3. 効果的な会議の４つの要素

効果的な会議の要素を次頁の図にまとめてみました。

第6章 会議とは何か

効果的な会議の4つの要素

目的
具体的で現実的な目的を設定し、関係者が同意していること。

議題
明確な議題設定で、時間配分も適切である。参加者も同意している。

議事進行
効率的な議事進行で、参加者全員が目的達成に協力している。

参加
参加者は当事者意識を持ち、協力的に目的達成に貢献している。決定は必ず守る。

〜準 備〜

まとめの演習

『効果的な会議とは』

あなたが、今までに経験した会議を振り返ってみましょう。

1. うまくいかなかった会議の特徴は何ですか。
   どういうところがよくなかったのか、リストアップしてください。

2. 会議がうまくいかないと、どのようなマイナスの影響が生まれますか。
   リストアップしてください。

3. 今度は、効果的だった会議の特徴をリストアップしてみましょう。

4. 会議がうまくいった場合のプラスの影響は何でしょうか。
   リストアップしてください。

第7章 会議の準備

1 会議開催に必要なこと

効果的な会議の4要素（113頁）で見られたものが、会議を開催する際に必要なことと考えてよいでしょう。主な準備項目を確認しておきましょう。

1. 目　的

①目的が具体的である

　何のための会議か、毎回目的を確認する必要があります。定例の報告会議だとしても、今回は特に何にポイントを絞って、どのような成果を出さなければならないのかなどが明確でなければ、開催を中止する勇気も必要でしょう。

②目的達成に会議が必要である

　その目的を達成するために、人が集まって会議をする必要があるかを確認することです。eメールで文書を回覧するなどで用が足りるなら、わざわざ集まる必要はないのです。

③目的が現実的である

　目的は明確でも、その会議で達成できるかどうかを吟味しておかなければなりません。「向こう10年間の広告宣伝計画を立てる」などという目的が、1回の会議で達成できるわけはないのですから。

④参加者の同意が得られている

　主催者によって明確にされた目的でも、参加者が同意できなければ、よい議論は望めません。「来年の親睦会の運営委員を選ぶ」という目的で会議をしたいと言っても、「親睦会で何をするのか、その意義が明確にならない限り人選はできない」と、会議参加メンバーが思っている状態では、主催者側の望む目的達成は見込めません。

2. 議　題

　英語ではアジェンダと言います。討議項目のことです。会議を1時間程度で収める場合、討議項目は3つ程度にしなければ、時間的に無理があるでしょう。また、議題は「何のことか」がはっきりわかる表現で設定しなければなりません。
　よい議題設定のポイントをまとめましょう。

①議題が明確である
　「今月の状況について」のようなあいまいな表現でなく、「9月度売上計画未達の原因」のような明確な設定が必要です。

②議題が適切である
　「9月度売上計画未達の原因」は営業部の会議としては適切ですが、製造部の議題として適切とは限りません。参加者がそれを討議することが可能か、また適切かを見極めなければなりません。

③各議題に当てられた時間が適切である
　議題が適切でも、上記議題を15分で終わらそうというのは無理でしょう。議題に合わせた時間配分を考えなければなりません。

④参加者の同意が得られている
　その議題は会議参加者の同意を得られているか。事前に確認するなりして、同意を得られると確信できる議題設定を心がけなければなりません。

3. 議事進行

①肯定的な環境をつくる
　議事進行担当になったら、参加者が気持ちよく、積極的に発言できるよう、会場を整えたり、事前に参加者に確認をしたりして、全体として前向きな雰囲気で会議ができるよう調整しなければなりません。

②参加を促す

司会者は、明るい雰囲気を作り、参加者に問いかけたりして、全員の積極的な参加を促すことが重要な仕事です。
③**限られた時間内に結論へ導く**
議論が活発になれば、交通整理をして、与えられた時間の中で、何らかの結論を導き出すことが、司会者の責任となります。
④**目的を達成する**
何はともあれ、最初に設定した目的を達成することを第一優先として議事を進めなければなりません。

4. 参　加

参加する側にも大切な役割があります。
①**当事者意識を持って、前向き・オープン・積極的・協力的に参加する**
会議を他人事のように見て、参加意識を持たない人が前向きな結論を構築できるわけがありません。事前準備をして、積極的に会議に臨みましょう。
②**議題に適した意見を出す**
積極的に意見を出したとしても、的外れでは意味がありません。議題の趣旨をよく考えて、会議の流れに合った意見を出すよう心がけましょう。
③**会議の目的達成に貢献する**
主催者側だけでなく参加者も、会議の目的には同意して参加しているのだから、目的達成には貢献するような言動をとる必要があります。ただ闇雲に反対するだけでは正しい参加姿勢とは言えません。

5. 参加メンバーの集め方

前例や慣習で参加者を選ぶのではなく、本当に必要な人だけを集めなければなりません。会議の参加者数は、あまり多すぎないよう注意しましょう。通常7〜10人までくらいが望ましいでしょう。多すぎると全員が発言できる機会は減っていきます。

会議参加者の選定のポイントは下記の通りです。
①**テーマを発議する人**
　そのテーマについて問題提起し、会議の開催を希望している当事者です。
②**テーマをよく知っている人**
　そのテーマについて知識や情報を持っており、討議するときに専門家としてその意見を参考にしたい人です。
③**テーマの利害関係者**
　そのテーマに関して、困っている人、利益を受ける人・損失を受ける人、意思決定の権限を持っている人などです。

6．事前調査と事前調整

①**事前調査**
　会議のテーマについて関連情報を調べておくことです。会議の当日になって、「あのデータが必要だ」「こんな事実はなかったのか」などと言うような疑問が出されないように、当事者はよく調査・情報収集し、必要なデータは、事前に出席者に回覧しておくことが大切です。

②**事前調整**
　貴重な時間を割いているのですから、一定の結論に導くためにも、会議出席者のキーパーソンと事前にすり合わせをしておくことも大切です。会議の進め方や「落としどころ」について、ある程度の了解を得ておけば、当日の会議運営がスムーズになります。
　このような事前調整のことを「根回し」と言います。根回しは、ときには下工作とか談合とか呼ばれ、悪いことのように言われることがありますが、恣意的に議事進行を操作するという目的ではなく、純粋に効果的な会議運営をするための調整であれば、大いに行うべきことだと思います。

7. 会議当日の準備

まずは次の通り、当日の段取りを確認しましょう。

①会場の確認

机と椅子のレイアウト、照明、プロジェクター、ポインター、PC、スクリーン、ホワイトボードとマーカー、VTR・DVDなどを確認します。

②配付物の準備

配布資料の確認、作成部数、配布方法などを確認しておきます。

③議事進行手順の確認

議事進行スケジュール表を使って、議題と時間配分や討議方法などを確認しておきます。

④主催側の担当者の確認

大きな会議になると、受付、記録、会場案内など様々な仕事が発生します。主催者側は事前に担当者を決め、打ち合わせをしておきます。

⑤キーパーソンとの確認

会議成立に欠かせない重要な発表者・報告者や意思決定者・権限者などに、会議の段取りを再確認しておきます。

2 会議の目的設定

様々な準備が必要だとわかりました。重要な点を、もう少し詳しく説明しましょう。まずは、会議の目的です。

会議そのものを開く目的はすでに述べました。コンセンサス形成、相乗効果、効率化でした。何のために集まるのか、会議の性格を明らかにすることは大前提です。

ここでは、コンセンサス形成のために会議を開催することになったとき、その開催目的はどのように確認すればよいかを見てみましょう。もちろん、

不要な会議をなくすためにも、会議を開く前には必ず目的を確認しなければなりません。ただ、定例だからという理由だけで開催していたのでは、会議が増えるばかりです。会議の目的をチェックするためには、次の4つの質問に答えてみましょう。

1. 会議の目的をチェック

①会議の目的は具体的か

この会議で何を決めるのか。なぜそれを決めなければならないのか。決めなければならないと思っていることは、本当に今決めなければならないことか、などを考えて、Yesと確信できればOKです。

確信が持てたら、短く具体的な表現で「この会議の目的は、〜です」と書いてみましょう。

②目的達成に会議は必要か

目的は明確で、決めなければならないことだと確信しても、それを決めるのに本当に会議が必要かどうかを考えてください。投票や、推薦など別の方法でもよくないか、どうしても関係者が集まって話し合わなければならないのかを考え、Yesと思えれば、開催することにします。

③目的は現実的か

集まって、そのテーマで話し合うことが必要だと確信した場合でも、その目的が関係者の話し合いで決定できるものなのかをチェックしましょう。「レアメタルに代わる金属の開発」などというテーマでは、たしかに急を要する重要なテーマではあるでしょうけど、一般の社員が集まって結論を出せるものではないように思えます。現実的で、会議の結果、実行計画まで作成できるようなテーマを設定することが重要です。

④参加者の同意は得られているか

会議開催者側が、目的意識を持ってテーマを設定しても、それがメンバーに受け入れられるものでなくてはなりません。売上げアップが急務だとして

も、「サービス残業を増やして働く方法」などというテーマでは、社員はとても同意できることではありません。

例えば、社内で創立20周年を記念して、「未来の夢プロジェクト」という部門横断的なプロジェクトが発足したとしましょう。会社の発展を目指して、明るい夢を描こうという趣旨です。秘書室長が委員長となり、総務部に運営委員会事務局が設けられ、各部から1名の運営委員が選出されました。まず、手始めに、「未来の夢提案コンテスト」というものを実施することになりました。そこで委員が招集され、コンテストの運営方法について話し合う会議を持つことになりました。

会議の目的は、どのように言えばよいでしょうか。

「未来の夢提案コンテストについて」というようなあいまいな表現では何を討議するのかイメージができません。

簡潔に、『20周年記念行事として開催される「未来の夢提案コンテスト」の実施運営方法を決定する』というのはいかがでしょうか。

これなら、実施方法についてだということ、目標は、会議の中でそれを"決定"することだということ、がはっきりわかります。

まず、会議の目的を明確にして、次にそのテーマを議論するために項目を分ける作業が議題作りです。

３ 議題の作り方

会議の目的が明確になり、メンバーを招集することになったとき、その目的を達成するために、どのような順番で討議をするのかを細分化した項目を議題と言います。議題を設定するときの注意点をまとめてみましょう。

1. 議題選び

　まず、会議の目的を具体的にしておくことが前提です。その上で、議題の設定はできるだけ少なくし、的を絞るようにしましょう。
・議題は3つ程度が目安
・優先順位の高いものから順に並べる
・不要不急の議題は入れないように注意する

2. 会議の議題をチェック

①議題は明確か

　「委員長のお話」というより、「委員長による所信表明」の方が、趣旨が明確です。「運営方法検討」というより、「運営方法の絞り込みと選定」の方がなすべき行動がより明確です。その議題で何をするのかがイメージできるような表現を心がけましょう。

②議題は適切か

　表現が適切でも、その議題があること自体が不適切では困ります。コンテストの運営方法を決めるという目的の会議なのに、「会社の業績改善の理由とコンテスト」などと、その会議の本筋と離れるような議題を持ち込むことは避けなければなりません。

③議題別の時間配分は適切か

　「様々な方法を検討する」という議題にも関わらず、10分間しか時間が配分されていないのでは、ちょっと無理と言わざるを得ません。やはり討議なら20〜30分は必要と思われます。決定事項の確認なら、5分もあれば可能でしょう。それぞれの項目に合った時間配分を設定しておくことが大切です。

　事前に送る「会議開催案内」に時間を明記すれば、その時間配分を見て、参加者はどの議題がより重要かを判断することも可能になります。

④参加者の同意は得られているか

これらの議題を設定したとき、参加者は同意するだろうか、をよく考えてから案内を送るべきでしょう。

例えば、「SWOT分析による○○の検討」などという議題があっても、参加者の多くが、SWOT分析について知らないのであれば、不必要な心配を与えたり、参加意欲の低下を招いたりすることになります。

議題は、前もってキーとなる参加者に相談するのもよいですが、それが無理なら、主催者側が、議題設定の際、参加者のプロフィールを頭に浮かべ、できるだけ同意を得られるような議題表現を心がけるべきでしょう。

会議の議題をチェックするポイント

POINT ①
議題は明確か
その議題で何をするのかがイメージできるような表現を心がけましょう。

POINT ②
議題は適切か
会議の本筋と離れるような議題を持ち込むことは避けなければなりません。

POINT ③
議題別の時間配分は適切か
それぞれの項目に合った時間配分を設定しておくことが大切です。

POINT ④
参加者の同意は得られているか
議題を設定したとき、参加者が同意するかどうか、よく考えてから案内を送りましょう。

---

4 会議開催案内の作り方

さて、目的も明らかになり、議題もできたら、それを事前に参加者全員に

伝えなければなりません。参加者、関係者に議題の概要を知らせるものを、「会議開催案内」と言います。「会議開催案内」には、どのような項目を記載すればよいでしょうか。

1. 会議開催案内の準備

会議開催案内には、下記のような項目を載せるとよいでしょう。

①	目　　的	：Why	何のために会議を開くのか
②	日　　時	：When	何年何月何日、何時から何時までの予定か
③	場　　所	：Where	具体的な場所を明示
④	参加者	：Who	参加者名と役割りを明示
⑤	議題と進め方	：What・How	何を討議するのか、どのように討議するのか、時間はどのくらいかけるのかを記述

また、開催案内を出すところは、通常、会議の主催者です。会議運営を任されている担当者は、案内文を作成した上で、しかるべき責任者に確認をしてもらってから発行しましょう。

開催案内の発行時期は、会議の規模や重要度により変わります。年間計画で決まっているものもあれば、緊急に召集されるものもあります。社内の一般的な会議では、2週間から10日前くらいには発信した方がよいでしょう。

会議の長さは、会議の性格や会社の方針などにより異なります。30分以内で終了、と決めている会社もあれば、半日を会議にあてるという会社もあります。しかし、一般的に人間の集中力が持続するのは1時間程度ですので、1時間程度に設定するのがよいと思われます。延びても1時間30分に収めるというような姿勢が望まれます。

会議の開催はその目的を達成することですから、時間だけ厳しく規定することに絶対的な意味はありません。貴重な時間を費やすのだから、できるだけ短くしようと心がけつつ、臨機応変に対応していけばよいでしょう。

会議開催案内のサンプル

プロジェクト委員会委員各位

○○年6月17日
未来の夢プロジェクト実行委員会事務局

未来の夢プロジェクト会議のご案内

　標題の件、下記のとおり第3回未来の夢プロジェクト会議を開催します。今回のテーマは「未来の夢提案コンテストの運営」についてです。お繰り合わせの上、ご出席くださいますようお願いいたします。

記

1. 目　　的：20周年記念行事として開催される「未来の夢提案コンテスト」の実施運営方法を決定する。
2. 日　　時：○○年7月7日(月) 10：00～12：00
3. 場　　所：△△ビル5階　C会議室
4. 参加者：委員長（星野秘書室長）、各部の実行委員（8名）
　　　　　　司会：コンテスト事務局、松井、書記：同、松坂
5. 議題と進め方：
　　10：00　①コンテスト開催の趣旨説明　　　　　（星野委員長）
　　10：15　②他社の同種のイベントの調査報告　　（総務部、鈴木委員）
　　10：30　③どのような方法が考えられるか　　　（ブレーンストーミングなど）
　　10：50　④重要活動の絞り込みと選定　　　　　（討議）
　　11：20　⑤具体的な運営方法の決定　　　　　　（討議）
　　11：45　⑥まとめと次回へのアクションプラン確認　（事務局のまとめ）
6. 依 頼 事 項：当日、過去3年間の各部で行った社内イベントの運営結果についての報告をお願いします。
7. 欠席の場合：やむをえず欠席される場合には、事務局の松井秀雄
　　　　　　　　（電話：03-333-3333）までご連絡願います。

以上

5 会議進行の準備

準備が整ったら、最終的に当日の会議の進行をイメージし、漏れがないかチェックします。

1．会議準備のチェックポイント

Why（目的）	会議の目的は具体的か 目的達成に会議は必要か 目的は現実的か 参加者の同意は得られているか
What（議題）	議題は明確か 議題は適切か 議題別の時間配分は適切か 参加者の同意は得られているか
Who（参加者）	参加者は適当か （人数、経験、意思決定力、議題との関連性、やる気など）
When（日時）	日程は参加者の時間的な都合が考慮されているか 会議の所要時間は適切か 会議の開始時間、終了時間は明確か
Where（場所）	会議の場所は確保されているか 参加者は集まりやすいか 室内環境、備品は適切か
How（進め方）	役割分担を検討したか 効果的な討議ルールを検討したか 効果的な討議の技法を考慮したか

主催者側は、会議の全体像を5W1Hでチェックし、前頁図の各項目の質問にYesと答えられるかを確認しなければなりません。チェックリストの中で説明が不足している項目について、もう少し詳しく述べましょう。

2. 会議の参加者をチェック

　会議の参加者が目的を達成するために正しく行動してくれるかどうかが、成功の鍵となります。参加者が適当かどうか確認してみましょう。

①人　数
　コンセンサス形成のための会議では、7～8名程度が最良の人数でしょう。もし多くなるようであれば、グループ分けによる討議など運営方法を工夫することも必要です。

②経　験
　討議をすることに慣れているか、そのテーマや議題について知識や経験を持っているかも確認した方がよいでしょう。

③意思決定力
　コンセンサス形成では、意思決定をすることになりますので、部署やグループを代表して、参加者がその場で意思を表明する権限を持っている必要があります。

④やる気
　参加者が主体的に参加し、意欲を持って目的達成に貢献できる状態が必要で、事前に根回しし、情報提供など行って意欲を高めておくことも重要です。

3. 会議の場所をチェック

①会議の場所は確保されているか
　会議室の予約、日時の確認を再チェックしましょう。ダブルブッキングや、時間の指定ミスがないよう細心の注意が必要です。

②参加者は集まりやすいか

遠方から参加する人の有無や場所がわかりやすいかどうかなどを考えて、わかりにくい場合は地図を付けるなどの配慮がほしいところです。
③室内環境、備品は適切か
　空調の調子、明るい雰囲気を作るために窓の有無、プロジェクターを使用するために天井灯を部分的に消せるか、カーテンの有無、ホワイトボードの有無など、会議の性格に合わせて必要な環境・備品を前もって確認しておくことが必要です。

4．会議の進め方をチェック

①役割分担を検討したか
　主催者側では、司会や受付、お世話係など、必要に応じて役割を決めておく必要があるでしょう。また参加者に対しても、発表やまとめなどの役割をお願いしておくと役に立つことがあります。
②効果的な討議ルールを検討したか
　様々な討議の方法があります。議題の性格に合わせて、討議のルールや手法をあらかじめ考えておくことが有効です。
③効果的な討議の技法を考慮したか
　実際に討議するときには、発表の手法、同意・反論の仕方、分析手法など、コミュニケーションを円滑にする様々な手法があります。会議に関与する可能性がある者は、日頃からコミュニケーション手法に関心を持ち、技術を磨いておくことが肝要です。

5．討議の技法

　会議の流れを考えると、通常は最初に誰かから趣旨説明や基調講演のような形でプレゼンテーションが行われ、次に様々なアイデアを検討し、さらにそれらのアイデアを分析・検討し絞り込む。そして結論を導き出して合意を作る、というような流れになります。

そのように議題の配分をすることが多いと思いますので、議題の性格に応じて使える討議の技法を以下にいくつかご紹介しておきましょう。

議題に対応した討議技法

目的	名称	討議の技法
効果的に説明する	▶プレゼンテーション	3部構成を意識して論理的に説明する
アイデアを引き出す 思考を拡大する	▶ブレーンストーミング	様々なアイデアを短時間に考える討議法 ・質より量 ・連想発展 ・奇抜歓迎 ・批判厳禁
	▶カード法	情報／アイデアを付箋紙に記入・分類してグループ化、整理
分析して絞り込む	▶フレームワーク	SWOT分析など様々な軸を取って、4象限で分析する
	▶マトリックス	軸を多数設けて、優劣を分析する
	▶プラス・マイナス法	物事のプラス面とマイナス面を比較する
結論を引き出し説得する	▶優先順位決定	物事の優先順位・重要度を明確にする
	▶判断基準設定	意思決定のための判断基準を明確にする（重要・緊急など）
	▶ロジックツリー	決定とその理由、データなどをツリー型に整理する

6. 議事進行スケジュール表

　さて、準備が整ったら、会議の議事進行表を作成します。1枚の用紙で、会議のスケジュール全体が見渡せるようにして、関係者に周知します。

議事進行スケジュール表

会議名			
日　時		場　所	
目　的			
参加者			
時　間	議題・討議の方法など		

まとめの演習

『会議の準備項目を洗い出す』

　もう一度、時間軸に従って会議のために準備するべきことを書き出してみましょう。会社内や組織の正式な会議だとします。

10日〜2週間前	
1週間程度前	
会議の前日	
会議当日	

第8章

司会者の役割

1 ファシリテーターとは

1. 素晴らしい司会者とは

今まで参加した会議で、一番素晴らしかった司会者を思い出しましょう。その人は、どのような特徴がありましたか。会議を効果的に進めるために、何をしていましたか。

《素晴らしい司会者の特徴》
雰囲気を明るくする、言葉が明瞭、リーダーシップを発揮している、何をするのかを明確に説明している、発言を引き出す、参加者全員を巻き込む、まとめ方がうまい、感謝の気持ちを表す……。

色々と思い出されることでしょう。

昔は議長とか司会者と言えば、威厳を持って会議を取り仕切る人のことを言いました。しかし現代は、より参加型で、参加者を巻き込み自由に議論をし、しかも目的達成のためにしなやかなリーダーシップを発揮して会議を収束させていくような人のことを言います。

一言でいうと「ファシリテーター」としての司会者が求められるのです。

2. ファシリテーターとしての司会者

①心がまえ
討議者のモデルであるべきファシリテーターとしては、次頁の図中の項目には特に注意して、優しく、しかも規律ある会議を進めてください。

②ファシリテーターとは
討議者の主体的な活動が容易になるよう手助けする人のことを言います。

1 ルールを守る 時間・約束などを守り一貫性のある言動をとる。	2 身だしなみを整える 顔、服装、振る舞いなどに気品とさわやかさがあるように。	
3 明るいあいさつ、けじめある言動を心がける わかりやすい言葉に徹する。	4 常にもう一段上を目指す姿勢を持つ 安易な妥協をせず、高みに挑戦する。	5 互いの成長を目指す 討議を通して、お互いに自己成長が図れるように意識する。

具体的な行動としては、下記のようなものです。
・規範を確立する。
・論点、関心などを明確にする。
・方法を提案し、活動を促す。
・参加者が自律的に討議でき、相互啓発的な雰囲気になるよう支援する。
・参加者の気付きを促し、必要な知識や情報を適度に提供する。
・参加者を変えようとか、教えてやるというような態度で接しない。
・できる限り、ポジティブなフィードバックを心がける。

③ファシリテーターの仕事

・場面を設定する───────今何をすべきか、議題にそって局面を説明する。
・耳を傾ける────────すべての情報や言い分に関心を示し、よく聴く。
・波長を合わせる───────場の雰囲気を読み、全体の空気を調整する。
・観察する──────────発言者だけでなく、全体の動きをよく観察し、必要に応じて促したり、休憩を挟んだりする。
・信頼関係を築く───────一貫性、包容力などで参加者の信頼を得る。
・質問する──────────主張より質問を多く使用し、発言者の言い分を明確にする。

・参加者を受け入れる――誰をも敵視することなく、少数意見でも尊重し受け止め、理解しようとする。
・介入する――――――必要に応じて道をはずさないように口を挟む。

④ファシリテーターの3原則
1) 明朗――常に明るく、緊張感や威圧感を与えない。
2) 正確――自信を持って、正確な表現をする。間違いは素直に訂正する。
3) 肯定的―否定的な表現を避け、物事を肯定的に捉えて表現する。

2 司会者の3つのステージ

　会議が1時間でも2時間でも、全体としては3つの部分に分けて取り組むとよいでしょう。討議を始める準備段階としての「導入ステージ」、積極的に議論を展開する「討議ステージ」、そして会議を収束させる「結論・まとめステージ」です。順に説明しましょう。

> **導入ステージ**　会議の目的や進め方を確認し、話しやすい雰囲気を作る

　その会議が、前回から連続しているものであれば、前回からの引き継ぎ事項や懸案事項の確認をします。そして、今回の会議の目的と進め方、落としどころのイメージ、討議の手法などを伝えます。会議全体の時間枠、各議題に割く時間枠、そして終了予定時間について確認します。すなわち、意思決定の必要性と意思決定に至るプロセスを示して、会議の全体像についてのイメージを持たせるのです。

　重要事項を確認したら、すぐに会議の本題に入りたくなるところですが、そこで一旦会議の性格に合った雰囲気作りを心がけるとよいでしょう。目立つ人の言動で感情を左右されないように注意し、司会者として、参加者全員の緊張を和らげ、話しやすい雰囲気を作るために雑談などを入れるのです。また、初めての参加者や、戸惑っている人などには声をかけ、積極的な参加

をしやすい気持ちにさせることも大切です。

> 討議ステージ　発言の促進と議論の交通整理をする

　自由な討議が必要な場面では、全員に参加意識を持ってもらうことが、結論に対するオーナーシップ（参画意識）を持たせることになります。討議には全員が参加できるよう、発言の少ない人には発言を促すなどで、意見を引き出す努力をすることが求められます。

　司会者は発言者の声に耳を傾け、積極的にフィードバックを与えながら聞きます。常に公平な態度で、誰かの意見だけに同調したりしないで、公正なものの見方を強調しなければなりません。

　議論が活発化し、論点が多くなってきたら、中心概念と枝葉を分けて交通整理をします。SWOT分析などの手法を使って整理したり、ホワイトボードを使って発言のポイントをまとめたりすることが有効でしょう。

　それた意見を矯正する際は、その根拠と客観的な基準を示すなどで、納得できるように説明します。常に公平で冷静な態度を保ち、参加者が理解しているか、運営方法に納得しているかを確認する必要があります。

> 結論・まとめステージ　結論の確認からアクションプランの作成へ

　討議を収束させ結論が出たら、明確な言葉で全員に合意点を確認します。また、決まったことだけでなく、もし決まらなかったことがあれば懸案事項として確認してください。次回以降に、それをどう扱うのかに関して参加者の合意を得なければなりません。

　決定事項に関しては、誰が、いつまでに、何をするのかを明確にし、具体的な「アクションプラン」にまとめます。実行項目と実行スケジュールを確認して、プランが確実に実行されるよう責任を持たなければなりません。さもなければ、"決して行わず"という会議の3悪のひとつが起こってしまいます。

司会者は、会議の目的達成と実行に責任を持つという態度が必要です。

そして、会議を終えるときには、積極的に協力してくださった参加者全員に、心から感謝の意を表明して終わるようにしてください。

ファシリテーターとしの司会者を演じることで、自己成長し、学びを得る貴重な機会を与えていただいたわけですから、それだけでも感謝、感謝だと思います。

③ 議事進行の工夫

議事進行について、司会者の3つのステージが理解できたでしょうか。ここでは、これらのステージをうまく実行するためのヒントを詳しく見ていきます。

導入ステージ　会議の開始と雰囲気作り

①肯定的な環境を作る

・礼儀正しくあいさつする。
・最初に会議の目的をはっきり伝える。
・次に議題・進め方を確認する。
・ユーモアの発揮（雑談やジョーク、人を褒める、など）。
・共感する（誰かの発言に共感を示し、波長を合わせる）。
・みんなが納得できるルールを決定し、気持ちをまとめる（人の話をよく聞こう、疑問はすぐに質問しよう、発言は簡潔に、など）。
・役割を決める（司会だけでなく、タイムキーパーや書記、お世話人、など）。

②否定的な環境を和らげる

・時間を守る（だらだらした雰囲気を作らない）。
・討議のルールを確認する（和を乱す人を作らない）。
・私語や内職をなくす（個人的に話しかけたり、参加を促したりする）。

- 感情的、否定的にならない（自分の考えと違っていても感情的に対応せず、共感して協力を促す）。
- プレッシャーを低くする（匿名で意見を言える工夫やユーモアを入れるなど）。
- 会議の目的を忘れない（こじれたら、会議の目的を伝え、さらに目的の上位概念を伝え、共通の利益を伝える）。

討議ステージ　参加の促進、交通整理

①アイデアを引き出し、理解を示す

- 質問を工夫する（オープン・クエスチョン、クローズド・クエスチョンや質問技術を活用）。
- 小グループに分ける（参加者が多い場合やブレーンストーミングをするときなどは小グループで討議した後、発表させるなどの工夫をする）。
- 意見をまとめる（長い意見などは、要約して全員に伝える）。
- 時間を取る（口ベタな人や発言が遅い人がいてもあせらせない）。
- アイデアを紙に書かせる（口頭による発言が出にくいときなどは、付箋紙に書かせて司会者が読むなど）。
- ビジュアルを使う（PCスライドを活用したり、写真や現物などを活用）。
- ボードを活用する（必要に応じてボードにリストアップしたり、分析したり、まとめたりする）。
- 意見を確認する（意見があいまいな場合は、発言者に主旨を聞く）。
- 意見には共感を示す（自分の考えと違っていても、発言者の意見は共感的に受け止める）。
- 非言語要素を活用して反応する（身振りや表情など、非言語要素を活用してダイナミックに話す）。

②交通整理をする

- 発言内容を明確にする（複数の意見が交錯しているときなど、それぞれの

立場を明確に整理する）。
- 確認、要約を活用する（思い込みで受け止めず、意見は要約し確認する）。
- 助言する（困っている発言者には、優しく支援の言葉をかける）。
- 発言の少ない人に発言を求める（「あなたの意見が重要です」というスタンスで発言を求める）。
- 定期的に目的を再確認する（会議が長い場合、議題を移るごとに、あるいは必要に応じて目的を伝える）。
- 共通点と相違点を明らかにする（板書するなどで意見の共通点と相違点を書き出すなどにより整理する）。
- 分析ツールを活用する（マトリックスやSWOTなどの論理思考の道具を活用する）。
- 共通点を強調する（あまり違いを強調せず、共通点に目を向ける）。
- 発言者のニーズに共感する（異質な意見を言う人には、なぜそうするのか、背景を探るようにする）。
- 代替案を引き出す（相違が埋まらない場合は、次善の策を聞き出す）。
- 優先順位を明確にする（優先順位を明らかにして、どれとどれが満たされれば合意できるかを確認する）。

結論・まとめステージ　結論のまとめ、アクションプラン

①結論をまとめ、合意を取る
- ロジックツリーを使って結論を明確にする。
- 結論を書き留める（要点を書くことで合意点を明確にする）。
- 反対者も決定を受け入れることを確認する（決定事項は全員が支持するものであることを確認する）。
- 漏れがないかを確認する。
- 会議の目的が達成されたかどうかを確認する。

②決定事項のアクションプラン作成と次回への確認

・決定事項のアクションプラン（誰が、何を、いつするか）を作成する。
・未決事項の確認をする。
・未決事項の扱い方について合意を得る（未決事項は、いつどのように取り扱うのかについて合意を得なければならない）。
・会議への参加に感謝する。
・次回への申し送り、継続の確認（次回の会議の予定）をする。
・終了を告げる。
・感謝の言葉で締め、参加者にあいさつをする。

4 その他の工夫

1. 板書の仕方

・内容を把握してから書く、要点を書く。
・要約は箇条書にする。
・アイデアを複数書き留めるときは、番号をつけると便利。
・発言者の使ったキーワードを書き留める（安易に言いかえない）。
・5W2Hを意識して書く。
・発言を整理して書く（SWOTやマトリックスなど分析ツールを活用する）。
・板書のスペースを工夫する（まとめのスペースと、自由に書いたり消したりするワークスペースを分ける）。

2. 休憩の取り方

・参加者の集中力が欠けてきたとき。
・離席する者が出始めたとき。
・意見が出にくくなったとき。

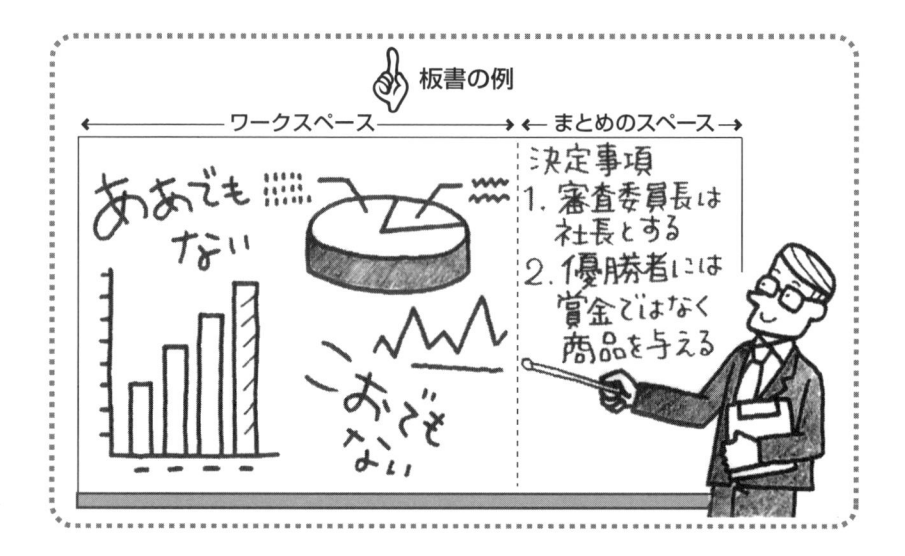

- 意見の対立が激しく、収拾が難しくなったとき。
- 参加者が感情的になっているとき。
- 新しい議題に移る前。
- 1時間以上続けて会議を進めていて、疲れが見えたとき。

3. その他、司会者が観察すべきこと

- 発言内容が、目的／議題にどのように関連しているか。
- 目的／議題を制限時間に処理することができるか。
- 全員に、お互いの声が聞こえるか。
- ビジュアルや資料は読めるか。
- 参加のレベルは満足のいくものか。
- 参加者間の発言量のバランスはよいか。
- 討議は自由に本音を言える雰囲気か。
- 安易な合意や妥協はないか。
- 少数意見が軽視されたりしていないか。

・前向きな発言や態度になっているか。
・一方的な非難や断定がなされていないか。
・赤信号は出ていないか。
　　（居眠り、落書き、私語、内職、貧乏ゆすり、うわの空、など）

　司会者は、これら様々な工夫と気配りをして、会議の目的を達成し、しかも参加者全員が、参加してよかったと思えるような会議を実施するよう努めなければなりません。大変な責任であると同時に、大変やりがいのある仕事でもあります。

5　アクションプランの作成法

　何のために会議をするのか。それは、問題を解決するために関係者で意思決定をすることでした。しかし、決められたことを実行しなければ決定された意思は実現しません。ときには、決定事項に反対をしていた人たちが反抗して、意図的に実行を妨げるかもしれません。このような行為は、ビジネスマンとしては失格です。正当な方法で決めたことは守るという文化を創ることは前提です。

　しかし、正しく決めてみんなが合意しても、決めた通りのことが起こらないこともあります。それはどのようなときでしょうか。決めたことを、いつ誰がどのように実行するのかがハッキリしなくて、人が動けないことが原因になっていることが多いのです。

（例）未来の夢提案コンテストの運営方法
会議の決定事項　　（1）桜○よし○氏を名誉審査委員長とする
　　　　　　　　　（2）未来の夢プロジェクト委員の中からコンテスト担当者を選出して実行にあたる

（3）今月末までに運営計画書をまとめる

　このような、決定事項の確認だけでは、その後どのようにメンバーが行動するかはわかりません。たとえ意欲的な人が行動を起こしたとしても、それが望ましい行動なのか、望ましい行動であっても、誰がどの程度まで進めているのかなど把握できません。

　そこで、関係者みんなが共有できる行動計画書を作成することが必要になってきます。

　小さく簡単な決定事項であれば、「**誰が、何を、いつまでに行うか**」を箇条書にしてリストアップすればよいでしょう。大きな決定事項であれば、ガントチャートやフローチャートなどに書き表して、関係者全員に周知し、実行の予定と実際の動きを管理することが大切になっていきます。

(例) 上記の決定事項をアクションプラン風に書いてみましょう。
会議の決定事項
(1) 桜○よし○氏を名誉審査委員長とする
　　①桜○氏への依頼とスケジュール調整
　　　　担当：星野委員長、鈴木　　△月×日までに可否確定
　　②もし調整がつかない場合は、コミッティで検討し再提案する
(2) 未来の夢プロジェクト委員の中からコンテスト担当者を選出して実行コミッティを作り作業にあたる
　　①明日中に、コミッティのメンバーを確定
　　　　メンバーに決まった者は、イントラネットに抱負を載せる。
　　②今週中にメンバーで会合を開き、コンテスト運営マニュアルを作成
　　　　△月◇日までにたたき台を完成し、ネットにアップする。
　　③他のメンバーは、たたき台を検討し、次回のプロジェクト会議で最終決定し、詳細な運営体制を作ることとする。

(3) 次回のプロジェクト会議でコンテストへの提案募集要項を完成する
　　　担当：松井、佐藤　　△月×日までにたたき台を作成する。
　　　次回会議の開催案内にたたき台を添付し、委員が検討した上で会議に出席できるようにする。

　この程度が決まっていれば、アクションプランとしてはよいのではないでしょうか。基本は、Who does what when？（誰が何をいつまでに）が最低決まっているべきだということです。

まとめの演習

『司会者の役割』

あなたの考える理想の司会者像を描いてみましょう。そして、現在のあなたの状況と比べて、理想に近づくために何をしなければならないかを考えてください。

```
あなたの理想の司会者像
```

```
理想に近づくために、今からしなければならないこと
```

```
あなたの現在の状態
```

第9章

参加者の役割

1 会議に参加する者の責任

　会議の主催者側の準備が、いかに重要かがわかりました。司会者の準備で成果が随分左右されるのですね。しかし、どれほど主催者側が準備しても、参加者が協力しなければ会議の成功はあり得ません。

　阿波踊りの主催者がどれほど周到に準備しても、踊り手が全力で踊ってくれなければ、阿波踊りの成功はあり得ないのと同じです。

　まず、会議への参加者は、「会議を成功」に導くために積極的に司会者へ協力する姿勢が大切です。そのために、参加者の心がまえとして、次のようなことに気をつけましょう。

1. 会議参加者の心がまえ

①会議に参加する前の心がまえ

　何と言ってもまず準備です。準備をしていない者は参加すべきでないと言っても過言ではありません。では、何を準備すればよいのでしょうか。

　まず、会議の性格・目的を理解すること。会議用の資料などがあるのなら、それらに目を通してよく情報を検討すること。与えられた情報以外に必要なことがあれば、自分なりに情報入手して、学習しておくこと。また、自分はどう思うのか意見をまとめ、発表の準備をしておくこと。その際は、発表資料やスライドなどの準備もする。

　また、会議に出席できない、または遅刻することがわかったら、できる限り早めに連絡しておくこともマナーです。

②会議中の心がまえ

　それぞれの会議に一定のルールがあるはずです。司会者の指示を守り、全体に対して気配りをしながら参加しましょう。だだし、討議中は遠慮することなく積極的に発言するよう心がけたいものです。

次章の討議の仕方を参考にして、よく質問し、意見が異なる場合もその真意を理解しようと心がけてよく聴き、異論がある場合は共通点と相違点を明確にして反対意見を述べる。反対するときは、代替案を出すことも基本です。

十分議論を尽くし、何らかの方法で結論が出された場合、それに合意したなら必ず従い、協力して実行しなければなりません。会議中に反論をせず終わってから異論を唱えたり、実行の段階で反旗を翻したりするのは、ビジネスの基本にそむく全くのルール違反です。

③会議の後の心がまえ

会議に出席するということは、自分の部門を代表して意思決定に参画しているのですから、会議の進捗状況や決定事項については、できるだけ早く関係者に報告する必要があります。報告は詳細すぎても簡単すぎてもよくありません。読む人の立場になって、結論をまとめ、わかりやすく要約して報告してください。

会議の参加者は、主催者側に比べて意識が低い場合が多いと思います。しかし、会議は参加者である「人」とその人たちの「時間」という貴重な経営資源を使う活動ですから、決して無駄が発生しないように、全員が高い参画意識を持って臨まなければなりません。

次に、効率よく会議を進めるための基本スキルとして、聴き方と反論の仕方について解説しましょう。

② 参加準備のポイント

心構えができたところで、実際に会議に参加したときに活用するスキルをまとめてご紹介しましょう。

1. 会議参加者の基本スキル

(1) 積極的傾聴スキル

①質問する

他の発言者の言っていることがよくわからなければ、そのままにしないで、かならず質問しましょう。不明点を残して議論が進み、途中で今さら聞くのも恥ずかしいと思うことはよくあるものです。もちろん、今さら聞くのは……と思っても、それが重要なことであれば、その時点で勇気を持って質問することは大切です。

②確認する

聞き取った内容が、正しく理解されているかどうか不安に思った場合は、確認する必要があります。

「今おっしゃったことは、○○という意味に解釈してよろしいですか」など。

③共感する

発言者の言いたいことが理解できた場合、同意するか否かには関わらず、共感的に受け止めることが大切です。

「なるほど、○○と考えられたのですね」など。

④要約する

ある程度議論が出てきたときや話が長くなったときは、相手のためにも発言を要約してから自分の意見を言うのは効果的です。

「ということは、要するに○○が一番必要ということですね」など。

⑤非言語を活用する

発言するときは、単調にならないように、顔、体、声の調子など、非言語要素をフル活用して話しましょう。よい意見を言っても、伝わらなければ役に立ちません。思い切って力強く発言してください。

⑥関心を示す

他の人が発言しているときは、その人、その内容に関心を示すように、視

線を向け、うなずいたりしながら聞くようにしましょう。熱心に聞かれれば、発言者も頑張り、議論自体が活性化していきます。

(2) 反論スキル

議論は、全員が同意している状態では深まりません。よく考えられた反対意見こそ、より優れた結論を導き出すことに役立ちます。

反論するときには、下記のようなスキルを活用してください。

①反論する前に理解を示す

闇雲に「そうじゃなくって……」と否定するのではなく、相手の発言内容に理解を示してから、反対意見を述べます。

「○○がベストな対応だとお考えなのですね。なるほど、××の観点からはそう言えるかもしれません。しかし、△△を考えますと、○○はかならずしもベストとは言えないと思います。なぜなら……」など。

②あえて反対の立場に立ってみる

みんなが安易に同意しているようなときには、結論の精度を高めるために自分の考えに関わらず、あえて反対の立場に立ってみることも必要かもしれません。昔、GMの経営者スローンは、幹部会の意思決定ルールとして"意見の不一致が存在しなければ、意思決定を行わない"と決めていたと言います。意見の不一致こそが、より優れた決定を導き出すのです。

③共通点と相違点を明確にする

反論するときの効果的な手法は、反対部分だけを告げるのでなく、共通点と相違点を対比して述べることです。

「○○に対する評価基準はその通りでよいと思います。しかし、評価者の人選は△△の方法は不公平でよくないと思います。私は◇◇の手法を使うべきだと思います。なぜなら……」など。

④代替案を出す

反対するということは、反対意見を述べるということです。単なる反対で

はなく、代替案を述べることを基本としてください。

(3) 対立への対応スキル
①共通点を明確にする（上位概念、共通目的など）
　反論が重なり、議論が混線してきた場合、瑣末な方法論などでぶつかっていないだろうかと考え、より上位の考え方で共通項を探り出し、議論がこじれるのを防ぐことができます。

　「いくつかの方法が検討されていますが、これを行う本来の目的は○○ということは、みなさん同意していらっしゃるのですよね。それを実現するための方法ですので、○○のために一番よい方法ということで再検討してみませんか」など。

②相手のニーズや懸念に共感を示す
　発言者が、自分の意見にこだわっている場合、何か満たされないものや、隠れたニーズを持っているのかもしれません。共感的な質問で、懸念を探り発見することで突破口ができるかもしれません。

　「どうしても○○がベターだとお考えになる何か深い理由がおありなのでしょうか」など。

③対立に対して建設的に対応する
　反論された場合、感情的にならず、冷静に反論を受け止め、その上で建設的に弁論やカウンターを提供しましょう。建設的というのは、相手の反論に理解を示した上で、自分の主張を論理的に伝え、双方にとって受け入れられる新たな道を探るというプロセスを言います。

　「なるほど、○○がどうしても承服できないということですね。実は、○○も△△も本質的には共通点があります……。問題になっているのは、△△の部分と考えられますね。△△を取り入れながら、○○のエッセンスを実行できる、というような方法は考えられないでしょうか」など。

④相手の考え方にも価値があると思って聴く

たとえ異なっていても、それぞれの人の意見には意味があります。価値ある内容であると信じて、しっかり耳を傾けましょう。

(4) セルフ・モニタリング・スキル
①自分の発言を客観的にモニターする
　議論が白熱してくると、我を忘れてやり合うというような雰囲気になるかもしれません。しかし、理性を忘れると精度の高い結論を導き出すことはできません。常に冷静に、聞いたり発言したりしている自分をモニター（観察）するように心がけてください。
②自分の発言が会議の目的や議題にそっているかを意識する
　会議の目的は最初に述べられるはずです。常に目的を忘れず、論点がずれないように意識して議論を進めましょう。
③自分の発言は、他の参加者の発言とバランスを保っているか
　ひとりで時間を独占したり、また発言が少なすぎたりしないか、他の参加者の様子をよく見て、バランスを保つように心がけましょう。

(5) 準備のポイント
①目的・議題を理解する
　会議に望む前に、会議開催案内をよく読んで、目的と議題、それぞれの議題にかける時間などから、会議の流れを予想し、頭の中でリハーサルをしておくとよいでしょう。
②事前資料を確認する
　事前資料や参考書類などがある場合は、必ず会議参加前に目を通して理解しておきます。当日になって、「何が書いてある？」などと戸惑っているようでは失格です。
③必要な情報を集め、自分なりの意見や考えをまとめる
　指定された資料だけでなく、自ら考えて、関連情報を収集するよう努めま

しょう。知識が多ければ多いほど、結論の精度も上がるはずです。
④当事者意識で真剣に取り組む
　お客様のような態度でなく、自らが当事者となり、真剣に取り組むことで、会議の効率も成果も格段に上がることでしょう。

3 参加後の仕事

　会議終了後、直ちにしなければならないことに議事録の発行があります。
　主催者側が作成することも多いですが、中立を期するために参加者の中から議事録作成担当を選ぶ場合もあります。

1. 議事録の作成

　よい議事録のポイントについて考えてみましょう。会議開催案内が"事前"、会議そのものが"本番"、そして会議議事録は"事後"ですね。3つの流れが一貫していることが重要です。

効果的な議事録作成のポイント

①会議開催案内にできるだけ項目を合わせる。
②簡潔に書き、内容は客観的に公平な目で書く。
③正しい文章、正確な表現を心がける。
④結論は最初にまとめ、意見は「所感」などとして、別項目にまとめる。
⑤詳しさのレベルは、会議の目的に合わせて決める。
⑥会議終了後、できるだけ早く作成する。
　※会議直後かその日のうちに作成するのが望ましい。
⑦会議主催者の承認を得て、関係者に配布する。

できれば、議事録に含むべき項目を考えて、標準的なフォーマットを用意しておくことが役立ちます。そうすることによって、情報のモレをなくしたり、バランスの悪さを防いだりすることができます。

議事録の例

会議議事録				作成日　年　月　日	
会 議 名		確認者		作成者	
開催日時		場　所			
参 加 者		欠席者			
議事内容					
1．決定事項要約 2．議事進行記録 　1) 開会 　2) 発表事項 　3) 討議の経緯 　　　① 　　　② 　　　③ 3．次回への申し送り事項 4．次回開催予定 5．閉会のまとめ 6．所感					
備考					

まとめの演習

『参加者としてのスキルを振り返る』

あなたの、会議参加者としての活動状況、会議技術を振り返り、改善点を洗い出してみましょう。

会議参加に必要なスキル	現在の活用状況	今後改善すべき点
〔準備のスキル〕 ＊資料に目を通す ＊議題について考える		
〔会議中のスキル〕 ＊人の話をよく聴く ＊反論は明確にする ＊対立に建設的に対応する		
〔会議終了後のスキル〕 ＊関係者に結果を報告する ＊決まったことを実行する		
その他		

第10章

議論の仕方

1 討議のプロセス

さて、準備万端、いざ会議に臨みましょう。そこで、もう少し詳しく、討議の仕方やスキルについて確認しておきたいと思います。

1. 議論のフロー（サイクル）

議論をするときには暗黙のルールがあります。いや、暗黙ではなくグローバルに、また心理的に合理的なフロー（流れ）です。司会者は、発言者の発言の性格に合わせて、誰から話させるかを決めなければなりません。

①提案（Proposal）

まず、最初は発議と言いますが、提案者が提案内容を説明することから始まります。発議者が自らの主張を述べるのです。

提案内容には、提案の理念、メリット、導入方法などいくつかのポイントが含まれていても、いくつもの論点を混ぜて議論せず、一時には1つの論点に絞って討議を始めるのがよいでしょう。

②追加（Addition）

提案者が発言した内容に関して、漏れている情報やアイデアを持っている人があれば、それを先に述べます。十分な情報を出さない状態で反論したのでは、議論の精度が落ちます。

③質問（Question）

提案内容、あるいは1つの論点について十分情報が出されたところで、次は、質問を受け付けます。その提案に対する反論者が質問してもよいし、賛成者が追加の考えを引き出すために質問することもあるでしょう。発言者は具体的に回答を試みます。

反論をする前に、漏れている情報や背景となる考え方などを十分引き出しておくことが重要なのです。

④反論（Objection）

ここから議論の開始です。通常反論側が、自分自身の反対意見や第三者の意見などを出して、反論をします。提案側は、発議者や同調者が、論点を弁論したり反論者へカウンターの反論をしたりします。建設的に議論を深めていきます。

そして、十分議論されて、合意点が得られたり、多数決などの手法で結論が出されたら、次の論点へと進みます。

⑤新論点（New argument）

1つの論点について議論が出尽くし、一定の方向や結論が出たら、新しい論点について提案側が述べます。大きな提案の次のステップである場合もあるでしょう。全く異なるトピックに移る場合もあるでしょう。いずれにしても、またサイクルとしては①〜④を繰り返していきます。

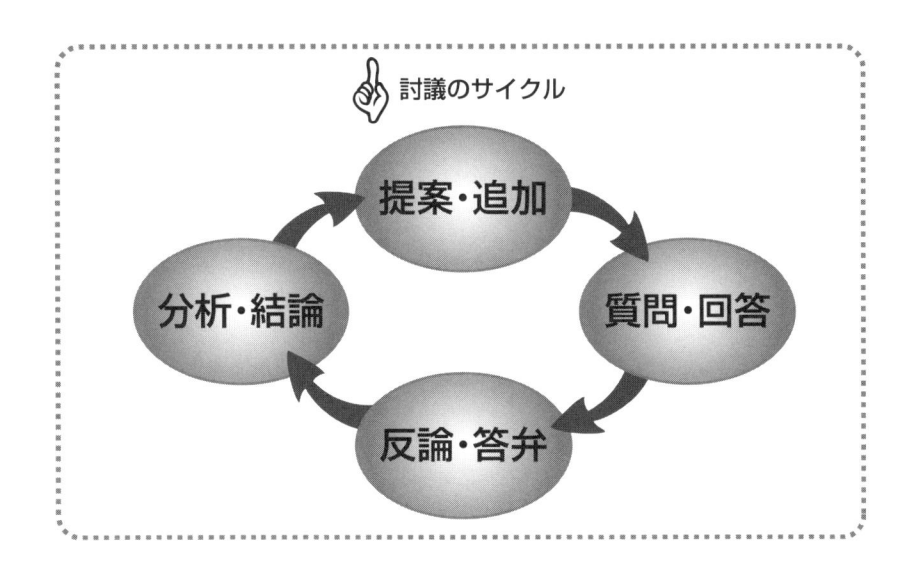

☞ 討議のサイクル

提案・追加 → 質問・回答 → 反論・答弁 → 分析・結論 → （提案・追加へ戻る）

常に、①から⑤を、その通りの順番で繰り返すとは限りませんが、心理的なフローに従って運用されている討議の流れですから、できるだけこれにそ

うように協力することが望ましいでしょう。

2. 話し方・聴き方の注意点

もう少し詳しく、議論の手法についてお話ししましょう。

(1) 説明・説得するとき

人が"なるほど"と思うときには、大抵次の3つの要素がそろっています。主張、理由、説得データの3セットで話すことで納得感が高まるのです。

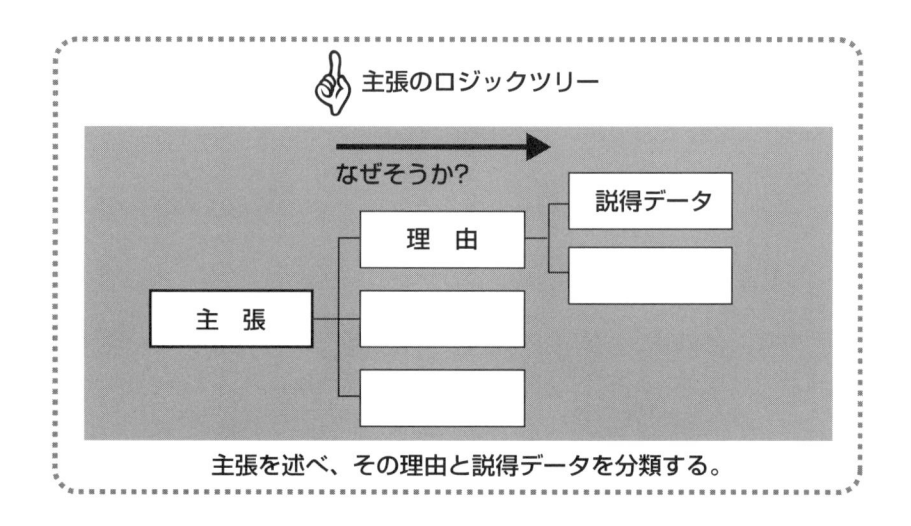

```
        👆 主張のロジックツリー

         なぜそうか？
              →
                      ┌─ 説得データ
              ┌─ 理 由 ─┤
              │        └─
    主 張 ────┼─
              │
              └─

   主張を述べ、その理由と説得データを分類する。
```

■よくない話し方

このような話し方をすると説得も討議もうまくいきませんよ、という話し方のパターンをいくつか挙げてみました。
① 単調に話す。
② 聞き手の理解度を無視して話す。
③ 略語や専門用語を多用する。

④一文が長く区切りがわからない。
⑤明確に説明できないとき「思いつき」や「憶測」で話す。
⑥「とりあえず」や「一応」など、いい加減な話し方をする。
⑦熱心になり過ぎてムキになる。

　メリハリをつけて、聞いている人の興味を持たせるような話し方を心がけることが、説得の基本です。聞いている人にとってわかりやすく話すためには、聞き手に関心を持ち、相手にわかる表現で、相手にわかる論理で、自信を持って話すことが大事です。

(2) 質問するとき
　効果的に質問力を使って、議論している相手の本当の意見（本音）と懸念（ニーズ）を引き出し、理解を深めることが必要です。本音で話し合えるようになれば、よりよい結論に至る可能性も高まります。
　お勧めできない質問のパターンをまとめてみましょう。

■よくない質問の仕方
①「何か質問はありますか」と、あいまいな質問を繰り返す。
②「どうでしょうか」というような意味不明の表現を多用する。
③いきなり「○○さんは、いかがですか」と特定の人にプレッシャーをかける。
④自分の説明が理解されていないように感じたとき、「わかりましたか」
　と、理解できないのは聞き手のせいのような聞き方をする。
⑤直接過ぎる聞き方をする。
　　あいまいな質問もよくないですが、「それでは、あなたは○○党を支持しているのですか」などという個人的な質問を直接的にしてしまう。
⑥特定の人にかたよって質問を投げかける。
　　特定の人をターゲットとして攻撃的に質問したり、同調者になれなれし

く同意を求める質問ばかりするなど。

あまり発言しない人には、「例えば〜という場合はいかがですか」など仮説を投げかけるなどで発言を促進したり、少数意見にも共感を示して更に掘り下げる質問をしたりして、全員が討議に参加できるように配慮することが求められます。

■質問の種類

質問をする際も、心理に従った順番があります。最初から、「○○でよろしいですね」などと絞り込んでは、討議が深まりません。最初はオープンに様々な質問をし、徐々に絞り込んでいくようなフローを意識することが大切です。

基本的な質問のフローについて図示しましょう。

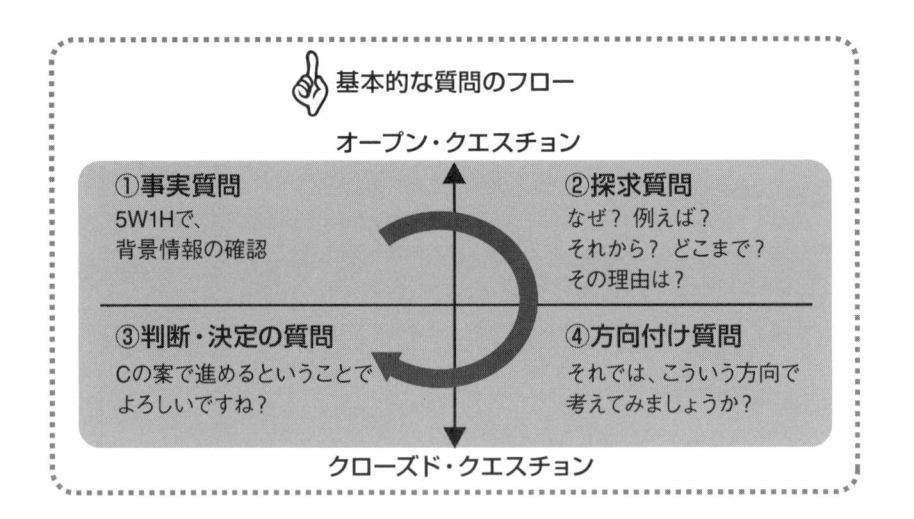

☞ **基本的な質問のフロー**

オープン・クエスチョン

①事実質問 5W1Hで、 背景情報の確認	②探求質問 なぜ？ 例えば？ それから？ どこまで？ その理由は？
③判断・決定の質問 Cの案で進めるということで よろしいですね？	④方向付け質問 それでは、こういう方向で 考えてみましょうか？

クローズド・クエスチョン

①事実質問：5W1Hで、背景情報など様々な観点の質問をする。
②探求質問：中心テーマを絞り込み深める。主にWhyに関する質問をする。
　「なぜ？ 例えば？ それから？ どこまで？ その理由は？」など。

③方向付けの質問：テーマの方向を決めるような質問。
　「それでは、こういう方向で考えてみましょうか」
　「AとBのどちらの方がより重要でしょうかね」など。
④判断・決定の質問：そのテーマの議論の最終段階なので、判断や決定を促すような質問形式になる。
　「ということは、Cの案で進めるということでよろしいですね」
　「DとEでは、どちらの手法を先に実行することに決めましょうか」
　など。
⑤オープン・クエスチョン：上記①と②の質問は、答える側が自由に答えを選べます。何を答えてもよいのです。このような、答え方がオープン（自由）な質問のタイプを「オープン・クエスチョン」と言います。
⑥クローズド・クエスチョン：ところが、③と④のようなタイプの質問は、YesかNo、またはA or Bというように、答え方が制限されています。このように答えの選択肢が制限された質問を「クローズド・クエスチョン」と言います。

(3) 人の話を聴くとき

　誰かが話しているときは、その人の考えや気持ちをじっくり受容しながら聴くことが大切です。相手の発言に価値があるという前提で、心を込めて聴かなければ、表面的な情報しか聞き取れず、本音を見つけることはできません。よくない聞き方をまとめてみましょう。

■よくない聞き方

①相手が話しているのに、他のことをする。
②話を途中でさえぎる。
③聴いた後に確認しないで、すぐに答えたり反論したりする。
④相手の発言の要約に自分の意見を混入させる。

⑤「意味がわかりませんので、もう一度お願いします」と安易に、相手の努力を認めないような言い方をする。
⑥質問の内容は聞くが、質問の意図を聞かない。
　　言葉の背景にある期待や欲求を推し測るように、非言語要素にも注目し聞かねばなりません。

■質問への対応ステップ

　自分が質問された場合は、質問してくれたことに感謝して、丁寧に対応することが重要です。
①アイコンタクト（視線）をとって真剣に聴く。
②感謝・確認・共感（3K）で受ける。
　　「ありがとうございます（感謝）、○○についてどのように理解しているか、という質問でよろしいですね（確認）、たしかに、○○の理解は複雑でわかりにくいところがありますね（共感）」など。
③質問内容を言いかえて全員に伝える。
　　「今、○○に関しての私の解釈はどうか、というご質問がありました」
④全員に対して回答する。
⑤質問者に向かって満足度をチェック・感謝で終わる。
　　「ということでよろしいでしょうか」

(4) 分析し・結論を導くとき

　1つの論点に関して、結論が出され、まとめることになったときは、そのコメントは、客観的・分析的で論理的にまとめるよう努力する必要があります。マトリックス、SWOTなどの分析ツールを使ってまとめたり、板書を活用するなどで、全員に理解されるよう努めましょう。
　結論は、本来の提案テーマや会議の目的にそうように意識してコメントすることが大事です。

■よくないまとめ方

① 質問と意見の混同

「今ここで、A案を実行するのは時期尚早ではないですか」という質問があったことを受けて、「A案の実行は時期尚早との意見でしたので、しばらく延期ということにしたいと思います」などと混同する。

② 事実と意見の混同

「Kさんは、この仕事に向いているのではないかと思いますが……」という意見を受けて、「Kさんは、この仕事に向いているそうなので、Kさんにお願いしようと思います」などと混同する。

③ 扱えない論点と扱うべき論点を選別できない

本筋でない議論が混じってきたときに、それも同じような比重で扱ってしまう。

④ 論理思考法などの型にはめすぎた解説

⑤ 論理的でない「ひらめき」「思いつき」的なまとめ方

議論をする際は、このような様々なポイントを考慮して、効率よく、効果的な討議を心がけましょう。会議の時間は、貴重な経営資源である「時間」を投資しているのですから。

② 協働的討議のステップ

意見がぶつかったり白熱してくると、感情的に攻撃したり、あきらめてしまって議論から離れてしまったり、両極端に走ってしまいがちです。意見が異なることはよいことだ、異質な意見がなければ良質な結論は導けないのだ、と信じて、冷静に建設的に対応することが求められます。

相手と自分との双方に満足のいく決定を創出する考え方をWin-Winの解決策と言います。日本語で言う場合は「協働的」討議と呼んでいます。

Part Ⅰの「1対1のコミュニケーション」でも触れましたが、建設的自己主張のステップを活用することが基本です。

1. 建設的自己主張のステップ

ステップ１　相手の主張を受け止める

「○○が特に重要だとおっしゃっているのですね。なるほど」

ステップ２　その問題点や不都合などを述べる

「○○は、たしかに△△の点では有効な面はあります。しかし実行すると、××という反作用が予測されます。××が起こると、当初の目的そのものが達成できなくなります」

ステップ３　自分の気持ちを述べる

「ここは、××を避けるというポイントを優先していただけると嬉しいのですが」

ステップ４　自分の主張を論理的に述べる

「いかがでしょうか。今回の実行プランは、××を引き起こさない◎◎で行うということでご了解いただけないでしょうか。▽▽で実践されて、○％の効果があったとの報告もあります」

最後のステップでは、自分の意見を主張するのではなく、双方の考えをつなぎ合わせて、双方に受け入れられる第３の道を探るという発展型もあります。

ステップ４　（発展型）双方にとって受け入れられる第３の道を探る

「○○は、××という反作用を起こす可能性が高いです。この場合、△△の点を活かして、しかも××を起こさない方法は考えられないでしょうか」

このように、異論があっても冷静に、ステップを意識して議論していけば、いがみ合うことなく、深い議論ができるのではないでしょうか。

Win-Winの討議

③ 議論の手法

　討議の場面で使われる重要な手法がいくつかあります。会議の基本的な流れに従って見てみましょう。

　ひとつの新しい論点が出されると、まず、最初はあまり結論を急がず、様々な観点で自由に討議します。それから分析的に検討して、最後に決定に持ち込むという流れになるでしょう。様々に、自由に考えるのに適した手法にブレーンストーミングというものがあります。分析的、批判的に討議する方法にディベートというものがあります。意思決定を促進するときに有効な

説得的手法もあります。

1. ブレーンストーミング

　枠にはまらず自由に討議する手法の代表は、ブレーンストーミングでしょう。通常討論の最初に、あるテーマについて考え得る観点を多角的に洗い出すのに使います。ブレーンストーミングでは、短時間に多くの多様なアイデアを出すために、異質な分野の人を参加させたり時間を切ってゲームのように行ったりすることが多いです。また、出てきたアイデアは紙に書き、順に番号をつけるとか、1枚のカードに1つのアイデアを書くようにして、そのカードを次々グループの中央に貼っていき、メンバーがそれを見ながら、また、新たなアイデアを出していくという手法をとることも多いです。

> 　ブレーンストーミングとは、短時間に、様々なアイデアをたくさん考えるディスカッションの手法です。

　ブレーンストーミング成功の要は、短時間にお互いに刺激し合って、多くのアイデアを自由に出し続けるということです。そのために、効果的なブレーンストーミングのためのルールとして、通常次の4つを設定します。

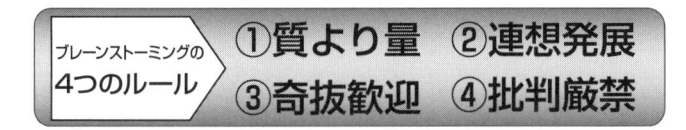

　　ブレーンストーミングの4つのルール　①質より量　②連想発展　③奇抜歓迎　④批判厳禁

(1) ブレーンストーミングの4つのルール
①質より量
　とにかく、多くのアイデアを出すことを目指します。よい考えとか、かっこ良さなどを求めず、数を出すことを奨励するのです。

②**連想発展**

アイデアを数多く出すために、人のアイデアに便乗することを奨励します。コンテストの賞品を考えているのであれば、「ハワイ旅行」と出れば、「グアム旅行」「イギリスでのホームステイ」などと、よく似たアイデアを出してみることです。

③**奇抜歓迎**

よく似たアイデアだと同じような視点ばかりになるので、自由奔放なアイデアを歓迎します。「宇宙旅行」とか、「生きた象を進呈して"夢を叶えるゾウ"」とか。

④**批判厳禁**

誰が、何を言っても、真似をしても、奇抜なアイデアを言っても、決して批判しないことです。批判しないのは当然ですが、できれば誰かが何かを言ってくれたら、みんなで褒め言葉を投げかけてあげたいものです。"いいね。すごい。おもしろいよ。なるほどね"など。誰でも褒められれば嬉しいものです。そうすれば、また意欲を持って考えようという動機が強まるはずです。

2. ディベート

PartⅠ「1対1のコミュニケーション」でも少し触れましたが、意識的に反対意見を出し、議論の深まりを求める手法です。正式にはディベートのルールに従って試合をし、審判が議論の優劣を決めるのですが、討議の場では試合までしなくても、ディベートの手法を活用して物事の本質を追究したり、見落としていた長所や欠点に気づいたりすることはできるでしょう。

ある事柄のプラスの面とマイナスの面を対比させて検討するので、討議の手法として「プラス・マイナス法」と呼ばれたりします。

コンテストの賞品として「ハワイ旅行」が有望なアイデアとなってきたとしましょう。誰もが「いいな」と賛同しているようだ、と決定を早まってはいけません。"反対意見のないときは決定をすべきでない"と教わっています。そこで、賛成の人もいったん反対の立場に立って、肯定派と否定派に分

かれてディベートしてみようということになります。

　ディベートがいいのは、自分の意見に関わらず、立場を決めて客観的に論点を出し合えるという点にあります。

	テーマ：コンテストの優勝賞品を「ハワイ旅行」とすべきである	
	肯定	否定
現状分析	●会社の業績がよい ●社員が国際感覚に乏しい ●グローバルに活躍できない企業は淘汰される ●夢の拡大にリゾートは必須	●日本・世界の経済環境は厳しい ●確かに社員は国際感覚に乏しい ●一部だけでなく広い世界を見なければグローバル化はできない ●夢拡大には多様な人種との交流を
提案	●未来の夢提案コンテスト優勝賞品はハワイ旅行とすべきである	●ハワイ旅行とすべきでない（日本にいる様々な外国人を招いてパーティをすべきである）
論拠・哲学	●外国の空気に直接触れることで国際感覚は養われる	●多くの種類の外国人と接して、テーマを持ってコミュニケーションすることで国際感覚は養われる
メリット・デメリット	●社員の息抜きになる ●社員が今後目指すことができるのでやる気がでる ●話題性のある会社になれば、就職希望者の増加が見込める ●企業の業績が上がり、株価も上がる	●他の社員への波及効果が薄い ●お金がかかり過ぎる ●話題性に乏しい（ありきたり） ●就職希望者への魅力にはならない ●企業価値が下がり、株価も下がる ●ハワイで羽目をはずして不祥事を起こす可能性が高まる

3. 説得手法

　ディベートなどで議論を深め、客観的に納得できる結論が導けたと感じたら、リーダーはその結論をみんなが納得できるように論理的にまとめて主張しなければなりません。

　討議のプロセスでお話しした、「主張のロジックツリー」を使って、主張とその理由（できれば3つ）、そして具体的な説得データを2つほど示して、参加者の納得を得るように導きます。

　説得データに関して付け加えるならば、データ（具体例）は、数字で表せるもの（定量的データ）と具体的名前などで表現するもの（定性的データ）の2つを用意することが望ましいということです。定量的データは理性に働きかけ左脳が反応します。定性的データは感性に働きかけ右脳が反応します。両方そろっていると、"なるほど"と納得する確率はぐんと上がります。

　「優勝賞品はハワイ旅行に決めたいと思います（主張）。それは、次の3つの理由からです。①社員のやる気が高まる、②会社の業績が上がる、③……。なぜ業績が上がるかというと、海外旅行をしている会社を調査したところ、その60％が前年対比で業績を伸ばしています。あの○○会社も毎年海外旅行してるんですよ」など。

　いかがでしょうか。しかし、1点だけ注意しておくことは、ディベートでの客観的分析によって、あることがより望ましい結論だとわかっても、それが常に最終決定になるとは限らないということです。客観的分析が厳しいからこそ、それに取り組もうという決定もあり得るのです。問題点がよくわかっただけに、リスクを回避するポイントも理解できたというわけです。

　最後は、リーダーの信念でメンバーを説得し、情熱を傾けて、命をかけるくらいの意気込みで説得してこそメンバーも、意気に感じて決定を支持してくれるのです。

④ 困った参加者への対応法

　メンバーみんなが会議に情熱を傾けているのに、ときにはその雰囲気に水を差すような参加者がいるものです。参加資格のないものが参加していることもあり得ます。そういうときには、闇雲に叱ったり、無視したりしても生産的ではありません。何とか目覚めていただき、積極的に会議に参加するよう態度を変えてもらいたいものです。

1. 困った参加者とその対応

　困った行動の一覧と、そのような行動を取る主な理由を考えて、その対応策を考えてみましょう。

---

①無関心
　理由：・知識不足か準備不足のため、巻き込まれて的を射た対応ができない
　　　　　ことを恐れ、関心を示さないようにしている。
　　　　・他に気がかりなことがある。
　対応：挑戦的、非難的にならず簡単な内容について意見を求め共感する。

---

②横柄な態度
　理由：・自分の方が偉いと思っている。
　　　　・会議の運営や自分への対応に不満がある。
　対応：「あなたの意見が大切だ。支援が必要だ」というメッセージで真剣に
　　　　考えを聞き、巻き込む。

---

③感情的になる
　理由：・プライドが傷つけられた。
　　　　・個人的に嫌なことがあって、むしゃくしゃしている。
　対応：さわやかに冷静に対応し、「この会議では安心して自分の考えを述べ
　　　　ていいので、落ち着いて話してください」と促す。

---

④非協力的
　理由：・他に気がかりなことがある。

・会議の運営や討議の進め方に不満がある。
対応：率直に不満なところを聞き、どのような対処を望んでいるか探る。

⑤**話を独占する**
理由：プライド、自己顕示欲が高い。
対応：よい点は認めた上で、みんなに公平に発言してほしい旨を伝える。

⑥**他者の発言をさえぎる**
理由：自己顕示欲、自己中心的、マナーを知らない。
対応：発言は尊重し、最後まで聞くように伝える。

⑦**私語をする**
理由：・テーマに対する興味が薄い。テーマ以外に気を取られている。
　　　・隣に個人的に親しい人がいる。準備不足。
対応：その人に意見を聞きたいので、まず今の発言者の発言内容をよく聞いてほしいと伝える。
　　　席を移動してもらう。私語を慎むように伝える。

⑧**内職する**
理由：忙しい。関心がない。テーマに反対している。
対応：真剣に参画してくれることで価値が生まれることを訴える。

⑨**居眠り**
理由：疲れ。無関心。
対応：休憩をとる（その間に事情を聞いて、真剣な参加を依頼する）。

⑩**敵意がある**
理由：何らかの恨みを持っている。他のメンバーや関係者に個人的な嫌悪感を持っている。
対応：そのような態度はルール違反であることを伝える。休憩を取って、その間に腹を割って事情を聞く。

⑪**的外れな発言**
理由：理解不足。聞いていない。勘違い。
対応：趣旨を再確認し、考え直してもらう。他の人に先に発言してもらう。

⑫**頑固**
理由：何か引っかかるもの、わだかまりを持っている。
対応：深入りせず、休憩のときなどに事情を聞き、協力を求める。

まとめの演習

『困った参加者への対応』

今までに行った会議で、困った参加者に遭遇したことはありますか。あなたが司会者でなかった場合でもかまいません。困った参加者がいたときに、実際にどのような行動を取ったかを振り返りましょう。その上で、今後そのような場面に遭遇したらどうしたらよいかを考えてください。

＊困った参加者に遭遇した経験ない方は、「このような人がいると嫌だな」と思う人を想像して、その対応の仕方を考えてください。

困った参加者のタイプ	実際に取った行動	今後の改善点

第11章 価値を生み出す会議

1 会議の評価の仕方

　会議を行った後は、ムダではなかったか、正しく運営されていたかを振り返る必要があります。10のチェックポイントについてお話ししましょう。

■司会者としての反省点
　ファシリテーターである司会者として、3つのステージをうまく進めたかを確認することが大切です。しかし、簡単には次の4項目を振り返ってみましょう。

1. 発言しやすい雰囲気を作るように努めていたか。
　全体を盛り上げ、話しやすい雰囲気を作る努力をしていたか。
2. 参加者全員に公平に発言機会を与えるよう努力していたか。
　えこひいきなく、みんなに発言機会や反論の機会を与えていたか。
3. 意見が本筋からずれないよう配慮していたか。
　本筋を守り、常に目的に向かって会議を進めていたか。
4. 結論が出たら要約するなどして、参加者の合意を得るようにしていたか。
　結論はまとめ、アクションプランに落とし込み、周知していたか。

■参加者としての反省点
5. 不明瞭な点は、必ず質問して確かめるようにしていたか。
　勝手な解釈やわからないことを放置せず、確認していたか。
6. 自分の意見を主張するだけでなく、異なる意見にも耳を傾けていたか。
　反論にも謙虚に耳を傾け、冷静に議論を進めていたか。
7. 反論する場合は、まず相手の意見に理解を示し、共通点と相違点を明確にしてから反論していたか。
8. 論理的な対応、理性的な討議を心がけていたか。

■**総合的に考える**
9. 会議の間は真剣に、主体的に取り組み、情熱が感じられたか。
10. 参加者はみんな、目的の達成、価値の創造に努力していたか。

少なくとも主催者側関係者は、会議の後で集まって反省会をしなければなりません。それが、次の会議を成功させる前提になります。

② 理想の会議で得られるもの

もう一度、なぜ会議は必要なのかを考えてみましょう。

意思決定においてコンセンサスを形成するためにせよ、アイデア出しの相乗効果を上げるためにせよ、効率よく多人数に伝えるためにせよ、会議は複数の人（集団）が、コミュニケーションを通して何かを成し遂げるためには不可欠の手段です。通常、誰か1人が決めたことを、多くの人が盲目的に支援し、実行することはありません。したがって、会議は組織がその目的を達成するためには欠くべからざる機能だということです。

これをニーズ要因と言います。すなわち、**組織のサバイバル（存続）のために必要な機能**だということです。

しかし、必要だから仕方なしに活用する、という発想では情熱は湧きません。というより、実はニーズがあるから会議をするという見方は、非常にもったいない一面的見方なのです。

ニーズ（必要性）に対する言葉に"ウォンツ"（欲求）があります。欲求というか、戦略的「投資」と呼ぶ方が適切でしょう。

例えば、会社にとって「人」は経費（コスト）とされています。人がいなければ生産も販売もできないので、どうしても必要な要素なわけですね。仕方なしに賃金を払い、経費計上しています。

しかし待てよ。人件費をコストと見るのではなく、投資と見てはいかがでしょうか。**人はその気になれば大きな価値を生み出します**。ひとりで何人分もの成果を上げる人もいます。

それなら、賃金に見合う労働を強制するのではなく、やる気を出してもらって賃金以上の価値を生んでもらった方が、会社にはずっと有効ですね。能力や意識を上げる育成をして、すなわち投資をして、大きな成果を上げてもらいたいと思えたでしょうか。

会議もしかり。会社の存続に必要だから仕方なしに行って、その費用を経費計上するという考え方ではなく、**会議を投資**だと考えてみましょう。

司会者や参加者を指導育成し、時間に見合う労働として会議を実行するのではなく、新たな価値を生み出し、大きな成果を上げる場として活用できるよう、投資として見てはいかがでしょうか。この場から未来の会社・組織の発展が生み出されるのだと信じて、命がけで取り組んだとき、そこから得られる成果は計り知れないものになる可能性があります。

　会議とは、価値を生み出し、みんなで未来を創造するための人に対する投資なのです。そのように定義を変えて会議に臨んではいかがでしょうか。理想の会議とは、関係者がみんなこのことを信じ、効率よく効果的に、それぞれの持つ価値をぶつけ合い、更なる付加価値を生み出すために有効な経営成功のための機能なのです。

　どうかこれからは、夢々会議中に居眠りなど決め込まず、情熱を傾けて、理想の会議を実現するために、このパートで学んだ考え方や技術を活かしていただきたいと願います。

まとめの演習

『将来への希望』

　会議が得意な人と不得手な人、会議が好きな人と嫌いな人。様々な人がいて、異なるアイデアを出し合って話し合うことで、何らかの価値が生まれるからこそ会議は必要なのです。将来、会議をより効果的に実践するために、あなたの会議に対する「哲学」をハッキリさせておく必要があるでしょう。会議の効果を再確認した上で、自分なりの会議観を固めてください。

[会議の効果]

1. 問題が起こったら、みんなで話し合うことで、それを解決する。
（あなたはどう思いますか）

2. みんなで話し合うことで、問題を予防し、現在の状態を維持する。
（あなたはどう思いますか）

3. みんなで話し合うことで、将来のより良い状態を考え出す。
（あなたはどう思いますか）

4. 他に、会議の効果にはどのようなものが考えられますか。

あなたの会議に対する「哲学」＝会議観

Part III

1対多 の コミュニケーション

第12章 プレゼンテーションの成功とは

1 プレゼンテーションが成立するとき

　1対1のコミュニケーションでは、相手の動向に合わせてこちらの出方をコントロールできますが、1対多のプレゼンテーションでは、全体の空気を読み、聞き手の要求を察知し、自分の言いたいことを聞き手にわかるように伝えなければなりません。

　人前で話すということは、一体どういうことなのでしょうか。あなたが伝えたいことは、聞き手にとって聞きたいことだったでしょうか。どうしたら「伝わった」とわかるのでしょうか。

　たしかにあなたの顔は、聴衆の方を向いている。しかし、あなたの心はどこを向いているのでしょうか。プレゼンテーションが成立する瞬間とは、どのようなときなのでしょうか。

　ある会社の朝礼の場面です。課長がスピーチをしています。

「先月の業績はなっとらん。

　俺の若い頃は、月末近くになったら、売上げ目標とにらめっこで、毎日訪問できるところは1軒でも多く回り、お客様には土下座してでも買っていただくようにお願いしたものだ。

　大体、熱意がなければモノなんか売れるわけがない。ハングリー精神が欠けているんだ。そもそも、会社から給料もらってるんだから、その分働くのはあたりまえだろう。働くということは業績を上げるということだ。

　売れないなら、よく研究したらいいじゃないか。先輩に聴くとか、俺に聴いてもいいし……。なのに、相談にも来ないじゃないか。

　ビジネスの基本は報連相といって、報告・連絡・相談が大切だと習っただろう。こんなに毎月成績が悪いと、俺の首が危ないんだ。助けると思って、もう少し頑張ってくれよ。

俺が首になるときは、このまま会社にのほほんといられないようにしてやるからな。
　ま、明日から毎朝、成果を報告に来るように。とにかく頑張ってくれ」

　さて、あなたなら、やる気が出てきましたか。この課長のために、一肌脱いでみようと思いましたか。
　あるアメリカのセールストレーナーがこんなことを言っていました。
　Don't fire them, but fire them up.「彼らを首にするのではなく、その心を燃えさせよ」という意味です。
　人は本来心で話を聞きます。心への入り口として耳があり、情報の処理工場として脳があるのです。したがって、まず耳に聞こえるということが大切ですが、大きな声で熱弁しても、そのメッセージが脳の工場でうまく処理されなければ、心へと送られない可能性が高いのです。たとえ心まで届いたとしても、感動を与えるとは限りませんが、届くことさえなければ、燃えさせる可能性はゼロと言わざるを得ません。
　先ほどの課長のスピーチですが、今度は次のように話してみました。違いはどこにあるでしょうか。

「みなさん、おはようございます。毎日の営業活動ありがとうございます。
　今朝は、今月の業績をどうすれば、前年同期より上回ることができるかについて、みなさんと一緒に考えてみたいと思います。
　ところでみなさん、先日のワールドカップ予選のサッカーの試合をご覧になりましたか。素晴らしいＮ選手を盛り立てるように他の選手がボールを集め、Ｎ選手がゴールを決めると思いきや、他の選手に蹴らせてゴールを取る。大変面白いと思いました。
　今朝は、是非みなさん一人ひとりの特性を活かして、全員で営業という試合に勝つためにどうしたらいいか、ヒントになるようなお話ができればいい

なと思っています。

　結論を言いましょう。このピンチのときに、私たちの課が好業績を残せるかどうかは、よいチームワークができるか否かにかかっているということです。

　その理由と方法について3つお話ししましょう。

　1つは、一点突破による成果の集中ということです。何人かの小チームを組み、成績のよい営業担当の支援にあたる。すなわち、よい成績を上げている者にもっと圧倒的な成績を上げてもらうことです。そして、その成果はチームの成績とします。

　2つ目は、B社の成功に学ぶということです。B社が、この時期に業績を伸ばしているというのには、何か学ぶ点があるはずです。そこで山田君と佐藤君は、今日から1週間、調査に集中してください。そして、報告がまとまり次第、全員で検討会を開きましょう。

　そして3つ目は、営業を楽しもうということです。こんなピンチのときに何を言い出すのかと思われるかもしれませんが、人間は、楽しく前向きに仕事をしているときはよい成績を上げるものです。

　今月はひとつ、目標を決め、どこまで達成するか、いや突き抜けるか、ゲームとして見てみましょう。すべての責任は私が取ります。みなさんには失敗する権利を認めます。しかし、最後まで挑戦する義務はあるものと心得てください。

　私の望みは、みなさんが、楽しくしっかり、自分の能力をフルに発揮して、お客様のために役立ってくださり、その結果よい給料を取ってくださることです。

　みんなで力を合わせ、来月の今頃は、笑顔で祝杯を上げようではありませんか。みなさんの成功を、心より祈っております。ありがとうございました」

　　いかがでしょうか。このスピーチの方がわかりやすく、その気になるとは

思いませんか。一体どこがどのようによくなっていたのでしょうか。

ポイントは、やはり心と技にあるようです。次の節で、具体的に見ていきましょう。

２　よい話のガイドライン

聞き手にとって理解しやすいメッセージは、次のような要素が考慮されています。

1. よい話の要素

よい話の要素		
①テーマ	⇒	具体的に何についての話か
②聞き手のニーズとメリット	⇒	このテーマは聞き手にとって役立つか
③主張・結論	⇒	何が言いたいか、中心概念は何か
④ポイント	⇒	主張を納得させる論点、理由、データ
⑤哲学	⇒	テーマに関する意義・理念は明確か
⑥聞き手への愛	⇒	聞き手に十分な関心を寄せているか

前節の改善版スピーチには、これらの要素が入っていたでしょうか。

よい話の要素としては、このような具体的なプレゼンテーションに関することだけではなく、もっと様々な要素が複合的にからんできます。そのいくつかを考えてみましょう。

■**嫌な気持ちにさせる話**

聞いて嫌な気持ちになる話とは、どんな要素が含まれるのでしょうか。う

んざりした、誰かの話を思い浮かべてみましょう。

①誠実さに欠ける態度。

②事実に反することを平気で言う。

③熱意や意欲が感じられない。

④自慢話や押し付け。

⑤表面的、評論家的で内容的に深みがない。

⑥ムダが多い、断片的、つながりがわからない。

⑦自己中心的、他者非難的、反社会的。

このような要素が含まれている話は、間違いなく聞き手の支援は得られません。

■**よい気持ちにさせる話**

それでは、よい気持ちにさせる話の要素はどうでしょうか。

[**内容について**]

①目的が明確で主張がわかりやすい。

②話し手自身のものと思える話。

③話し手が責任を持って語れる話。

④話して自身が興味を持ち、意欲的になれる話。

⑤創造的、建設的、発展的、世の中をよくする話。

[**話し方について**]

①筋道が通っており、論理的でわかりやすい。

②具体的な例やデータがある。

③ユーモアやゆとりがある。

④聞き手の理解に合わせて柔軟に調整している。

⑤質問などを入れて双方向的に話す。

⑥比喩を交えたりして、イメージに訴える。

⑦情熱的で、感情をうまくコントロールしている。

[言葉以外の要素]
①声の調子、顔の表情、手や体をうまく活用している。
②メリハリある話し方で、適度な間がある。
③スライドやチャートなど視覚に訴える工夫がある。
④感謝の気持ちで話している。

　他にも色々考えられるでしょう。友人とブレーンストーミングするなどして要素を洗い出し、自分にとって特に大切なもの、これだけは守りたいと思うものをいくつか決めて実践することが望まれます。

■よい話のガイドライン

　東京の地下鉄銀座線、神田から浅草あたりに、気になる電飾看板があります。
　それは、ある仏具店の広告でした。
　「心は形を求め、形は心をすすめる」
　これぞプレゼンテーションのエッセンスだと、思わず歓喜の声をあげてしまいました。
　どんなによい刺身でも、発泡スチロールの皿に無造作に入れて出されたのでは、おいしいとは感じません。やはり、小粋な陶器の器に大根のケンとオオバ、菊の花でも添えて出されれば、感激します。
　本当におもてなししたければ、よい形にこだわるでしょうし、形を整えようと努力する過程で、おもてなしの心も高まります。
　プレゼンテーションも、よい内容を吟味して用意すると同時に、話し方にも工夫し、聞いている人が気持ちよく、感動していただけるように気を配るのは発表者の義務だと思います。私なりに、よい話のガイドラインとして、ベスト10を挙げてみました。

《よい話のガイドライン、ベスト10》
1. 明るく話す。
2. 肯定的に話す。
3. 正直に、正確に話す。
4. 体全体を活用してリズムよく話す。
5. 質問などを活用して、双方向的になるように話す。
6. 聞き手のためになることを意識して話す。
7. 抽象的・理論的な点と具象的・具体的な点を織り交ぜて話す。
8. スライドや現物などを活用し、視覚に訴えるように話す。
9. 自ら楽しんで話す。
10. 常に感謝の気持ちを持って話す。

自分自身のガイドラインを設定しておきたいものです。

3 プレゼンテーションの準備

いよいよ本格的にプレゼンテーション（以下プレゼンと呼びます）の準備に入ります。何を準備するのか、プレゼンの全体像を明らかにしておきましょう。

1. プレゼンテーションの全体像

①聴衆分析

自分が話そうと思っているテーマに関して、聞き手はどのようなニーズを感じているか、どのくらい関心があるかを分析します。

②内　容

聴衆分析の結果を踏まえて、話したい内容のどの部分にどの程度焦点を当てるかを決めます。そして、ポイントを3つに絞ります。

第12章 プレゼンテーションの成功とは

👆 プレゼンテーションの全体像

内容
- ●ニーズ把握度
- ●ベネフィットの魅力度
- ●競合との差別化

⇔ 聴衆分析

構成
- ●N-P-B-F
- ●ポイントを論理的にツリー化
- ●ポイントが明確
- ●ポイントを重要度順に構成

⬇

プレゼン構成
●3部構成　●Whole-Part-Whole

⬇

ビジュアル・スキル
- ●ビジュアル作成法
- ●ビジュアル使用法

話し方スキル
- ●非言語
- ●話法

質疑応答スキル
- ●質疑応答想定集
- ●質疑応答の流れ

⬇

説得力のあるプレゼンテーション

③内容の構成

聞き手のニーズに合わせて、絞り込んだポイントをどの順番で、どのように関連させて話すかを決めます。具体例やデータも聞き手のニーズに合わせて選択します。

④プレゼン構成

3ポイントに絞った内容を、序論とまとめではさみ、プレゼンの形に整えます。Whole-Part-Whole というのは、序論で全体（Whole）を導入し、本論で具体的内容（Part）を説明し、まとめでまた全体（Whole）を述べるという考え方です。

⑤ビジュアルの準備

④までが内容に関する準備です。ここからは補助手段です。パワーポイントのスライドか、フリップチャートか、現物を見せるのか、何らかのビジュアルを用意します。

⑥話し方の準備

声の使い方、表情、姿勢、ジェスチャーなどの使い方をあらかじめ準備します。

⑦質疑応答の準備

実際に出されるであろう質問を想定して、その回答内容や、回答の仕方を準備します。

これらがすべてそろって、よい準備と言えます。その中でも、まずしなければならないことが、聞き手のニーズ分析です。なぜなら、聞き手の聞きたいことを話してはじめて、聞き手は満足するからです。

2. N-P-B-F のモデル

聞き手のニーズ（Needs）に合わせて話し手の言いたいこと（Proposal）伝え、それが聞き手の役に立つ（Benefit）ことを確認し、聞き手が納得し

ているかをチェック（Feedback）するという意識のモデルでまわしていくことが基本です。

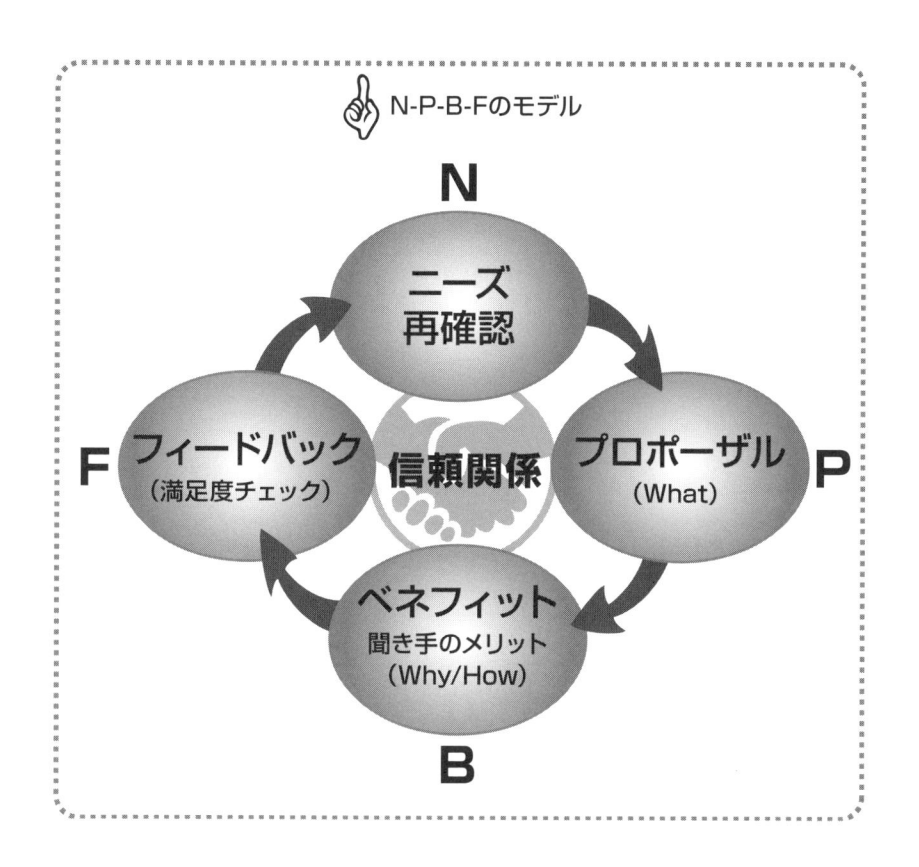

☞ N-P-B-Fのモデル

```
        N
     ニーズ
     再確認
  ┌──────┬──────┐
F フィードバック  信頼関係  プロポーザル P
  （満足度チェック）        （What）
  └──────┴──────┘
     ベネフィット
     聞き手のメリット
      （Why/How）
        B
```

N：ニーズ─話し手のテーマに関する、聞き手のニーズを探る。
P：プロポーザル（提案）─話し手が伝えたいテーマ。ニーズに合っているから話すという前提で、何を言いたいか明確に伝える。
B：ベネフィット（利点）─この話を聞いて納得した場合の、聞き手への利点は何か。
F：フィードバック（確認）─聞き手が納得しているか、随時確認する。

④ 聞き手の聞きたいことが話すこと

　プレゼンテーションとは、言いたいことをわかりやすく伝えることだと思っていたのですが、実は、それだけではないことがわかりました。聞き手は、あなたの言いたいことを聞きたいと思っているわけではないのです。聞き手は、自分の聞きたいことを選択して、話し手のメッセージを加工して聞いているのです。

　ある日の朝礼のことです。課長が、「**今月は、前年同月対比で、売上げ３％アップでした。来月も頑張ってください**」と伝えたとしましょう。課長の言いたいことは何だったでしょうか。

　課長は、"３％アップくらいではダメだ。年間計画に届かない。もっと頑張ってもらわなければ、厳しい処遇をしなければならないぞ"というようなメッセージを、その険しい顔に込めていたかもしれません。

　しかし、聞き手の社員は、"この厳しい時期に、３％もアップしてたんだ。きっと課長は喜んでいる。今夜あたり、飲み会のお誘いでもあるかもしれないな"というように理解したかもしれません。厳しい顔は、激励の表れだと解釈したのでしょう。

　そこで夕方になると、ある社員が、「**課長、今夜あたり、一杯いかがですか**」などと、ニコニコして話しかけたとしたら、どういう結果になるでしょうか。「**バカヤロー。何浮かれてるんだ。しっかり仕事しろ！**」とどやされるかもしれません。

　課長は、社員が"頑張りを褒めてもらいたい"という期待を理解せず、短い言葉の中に、自分のメッセージ（要求）を込めて話したのですが、通じていなかったということです。

さて、プレゼンテーションの準備で、一番大切なことは、言いたいことをまとめる前に、聞き手は何を聞きたいのかを探ることなのです。

ここで、あるケーススタディを使って、聞き手の期待・ニーズを読み取る練習をしてみましょう。聴衆分析とか、聞き手のニーズ分析と言います。

まずケースを読んでください。あなたは、杉山さんの立場で、プレゼンテーションへの参加者のニーズを探ります。

ケーススタディ　産業建築(株) vs. ヤマニチ(株)

以下の背景情報を踏まえ、杉山さんの立場で、ヤマニチ社の3人のキーパーソンと関係者に対して行う30分間程度のセールス・プレゼンテーションを想定し、準備してください。

【背景情報】

杉山さんは、産業建築株式会社の営業マンです。アパートや社員寮などやや大きめの物件を中心に企業相手に営業をかけています。最近、アメリカのロサンジェルスにある設計事務所と提携して、「ビバリーヒルズの家を日本にも！」というキャンペーンをしています。リッチな雰囲気で、アメリカの合理性を活かした建物は、一般客だけでなく、ワンルームマンションなどのオーナーにも人気が出てきました。杉山さんも、お客様のところでプレゼンをすることが増えてきました。先輩営業マンの加藤さんが、1ヵ月前、異業種交流会で、大手物流会社ヤマニチ本社（品川）の営業本部長の森さんと親しくなりました。森さんは、実は加藤さんがアメリカ留学時代に、あるテニスクラブで一緒だったのです。加藤さんは、その森さんから、「ヤマニチで現在、都内にある物流拠点を郊外に移転し、跡地の有効利用を検討している」という話を聞き、早速、森さんの紹介で本社の総務担当取締役の山田常務、他数人と会う約束になりました。

プレゼンの当日になって、加藤さんが急病（盲腸）になり、午後に控えた

プレゼンに杉山さんが1人で対処することになりました。プレゼンには、総務担当常務と財務の取締役も出席されるとの連絡がありました。約30分の時間をいただいています。これは、チャンスだと思っています。

ヤマニチからの出席者は山田常務と、大場財務担当取締役（専務）、営業担当の森営業本部長の3人。今日までに加藤さんは森営業本部長との話し合いを通して、ヤマニチの経営上の課題、新規事業に関する課題、それらを実現するための戦略などについてある程度把握していました。杉山さんは、加藤さんからその内容については報告を受けています。

以下にまとめられたものは、ヤマニチの会社案内、ホームページからの情報、森営業本部長が実際に話した言葉をまじえた報告です。

会社概要
・20XX年度売上高：460億4千万円（＋21％）
・20XX年度経常利益：30億円8千万円（＋24％）
・サービス／商品：物流コンサルティング、24時間対応緊急配送サービス
・社員数：600名
・事業内容：
　－物流情報システム（売れ筋情報、在庫情報等を提供）
　－物品の運送、保管および荷役など貨物運送取り扱い事業
　－荷物追跡管理システム
　－物流システムの開発、運用、保守
　－インターネット通販物流管理システム
　－物流に関する調査・研究およびコンサルティング業務
　－リゾート施設、介護施設の開発　など

企業理念
　"時代のニーズと対応する「物流インテグレーション」、情報・通信・物流を一体化する力によって、お客様に最適なサービスを創造する"

木村代表取締役社長の言葉（新聞のクリッピングより抜粋）

　"「ローコスト」「クイックレスポンス」「ハイクオリティ」をキーワードに、お客様の企業戦略に合わせた物流システムをインテグレーションしていきたい"

　"これからは、事業の多様化に積極的に取り組み、あらゆる局面で、お客様満足を目指す"

経営課題
・お客様満足の追求
　－営業情報のデータベース化と解析システムの確立
　－新商品・サービスの高付加価値化
　－市場情報に敏感な人材の育成
・俊敏な経営
　－情報システムの見直しと再構築
　－意思決定の迅速化
・コスト構造の改善
　－外部経営コンサルタントの起用
　－マネジャーによる費用対効果の徹底的な検討と検証

新規事業に関する課題
・渋谷近くにある都内の拠点が、都市化のため物流拠点に向かなくなった
　－郊外に移転をする
　－社有土地である跡地の有効利用を考えている
　－おしゃれなマンションと地域開発でレストランやショッピングモールなどを備えた地域開発ができないか
・会社のイメージアップにつながる新規事業プロジェクトにしたい
・財務的に資金の問題はないが、ローコスト経営に合う戦略であること

IT環境
・新基幹システムの早期構築

・将来の業務量拡大に対応可能なソフト、システムの導入
予測される競合他社
・四井ホーム
・エクサブ

　以下は、プレゼン出席者3人が抱える状況、期待などに関する要約です。
営業担当の森営業本部長（本部長、46歳、男性、趣味はラケットボール）
　新規事業の開発担当の山田取締役に目をかけられている。世間の注目を浴びるような新規事業を開発し、自分の存在価値を高めたい。将来の役員候補として、ここでどうしてもヒットを飛ばしておきたいのだ。今回の紹介で、目が利くとの信任を得られれば有利だ。できるだけ、杉山さんの支援をして、産業建築（株）で事業プロジェクトが決まるように進めたい。
総務担当の山田取締役（常務、57歳、男性、趣味は読書）
　「うちの商品に"24時間対応緊急配送サービス－眠らないネットワークの力強いサポーター"っていうのがあるけど、眠れないのはうちの会社だよ」と山田常務はよくこぼしている。増加する営業業務・データ量を新しい業務管理システム導入で楽にしたい。やることは一杯あるのだ。しかも、新規事業開発担当として、渋谷拠点の跡地利用プロジェクトを進めなければならない。今回の産業建築の提案が、社会的に意義深いものであること。また、世間の注目を浴びるようなユニークなものであること。産業建築がプロジェクト推進に積極的に関わって、仕事の支援をしてくれること。これらの条件がそろうなら、お願いしたいが、特に産業建築にこだわっているわけではない。この事業で頭角を現し、総務のボスとして、確固たる地位を保っておきたい。今回の案件については、できるだけ初期段階から積極的に関わっておきたい。営業マンが真剣に取り組んでくれる、情熱ある人間なら歓迎だ。
財務担当の大場取締役（専務、56歳、男性、趣味は囲碁）
　コスト構造の改善、ローコストの経営というのが大場取締役の現在の課題。

内部の財務状態をもっと健全にしてから新規事業を検討すべきだという信念があり、今回の案件には乗り気ではない。コストがかかりすぎるということ、入居者募集やショッピングエリアの運営など、商売の絡みが複雑になることなどに不安を感じている。特に、今回の進め方には計画性のなさが目立ち、紹介された産業建築（株）も思い付きではないかと感じている。先日、森営業本部長がこの案件を簡単に説明したところ、「高すぎて話にならない」と言われたと言う。大場取締役は、あまり、この新規事業には賛成でないようだ。ただし、大場取締役からのOKが出ない限りは、この案件も産業建築（株）の採用も難しいそうだ。

代表取締役 木村社長（65歳、男性、趣味は釣り）：出席はしない

　収益を創出するための経営課題、お客様満足の追求、俊敏な経営、収益構造の改善を実現していくことが重要である。「企業間の競争が激化する中で、変化に対応する"俊敏さ"を重視してほしい」と役員に伝えているそうだ。現場主義を重視し、しかも常に事業の多様化による発展を目指している精力的な社長。

【産業建築株式会社「ビバリーヒルズの家」の特徴】

1. ビバリーヒルズの家

　映画スターや富豪が集まる高級住宅街のビバリーヒルズ（ロサンジェルス）の特徴は、豊かさと快適さである。世界のどこよりも優れた住環境を提供し、安全性や居住性は抜群である。

2. コミュニティ・デザイン

　1軒の家だけをデザインするのではなく、地域との交流、四季折々の景観などを楽しめるように、ガーデニングや共用スペースの計画など、地域開発（コミュニティ）の考え方に優れている。

3. 住まいの特徴

　①床、階段、キッチンなどに無垢材をふんだんに使用して、高級感を出す。

②赤レンガ色の屋根と白い壁で、地中海やスペイン風の明るい雰囲気を出す。
③アーチとニーチェ（飾り棚）をふんだんに使用して、曲線美を楽しむやさしい感じを出す。
④カルチャーストーン（自然石に酷似した石材）を外壁や暖炉の周辺、室内に使用することで、異国情緒を盛り上げる。
⑤ビルトイン・ガレージは、アメリカでは常識である屋内車庫。リモコンシャッターで開閉し、洗濯物干しや倉庫としても活用できる、もう1つの部屋になる。

4. 世界標準の家に住もう

　建築費は坪当たり約100万円かかる。しかし、50年間は問題なく使える世界標準の家であり、資産価値も高い。これからの日本に、精神的な豊かさをもたらすためにも、取り入れられるケースが増えてくるはずである。

今回のご提案：
　リタイアメント・ハウスを軸としたコミュニティ開発
　（住宅、レストラン、ショッピングモールなどを備えたコミュニティで、その景観の良さから、若い人や家族の訪問が増える）

【聴衆分析】
　3人のプレゼン参加者の分析をしてみましょう。

会社名：ヤマニチ株式会社

参加者名	木村社長	大場取締役	山田取締役	森営業本部長
役割 （意思決定者、後見人意思決定者など、レッテルを貼る）	意思決定者			
職務上／個人的課題 ・顧客ニーズ分析 ・何に困っているか ・何をしたいのか ＊質疑応答想定集作成の際に参照	お客様満足 変化に対応する俊敏さ 三現主義 事業の多様化			
意思決定力 ・意思決定に及ぼす力 ・ポイントの重要度を決める際に参照	高			
内容に関する知識 ・この案件に対する知識 ・知識のレベルに合わせた内容説明	低			
提案に対するサポート ・サポーターは誰か ・反対者は誰か	中立			

【聴衆ニーズ分析】

聞き手の個人的ニーズをつなぎ合わせて、会社のニーズにまとめます。

	Ⓝ ニーズ 問題/課題/要件/基準など	Ⓑ ベネフィット 提案がもたらす効果/利益
経営面・業務面 ＊経営課題は何か **専門領域** ＊経営課題に影響する 　直接の実行課題は何か	⬇	⬆

Ⓟ プロポーザル：

直接の課題を解決して経営課題の解決を支援することができる提案

"リタイアメント・ハウスを軸としたコミュニティ開発"

　聞き手は何を望んでいるのかが、少しでも理解できれば、話す内容をそれに合わせて調整し、訴求力を上げることができるでしょう。

まとめの演習

『あなたのよい話のガイドラインを作ろう』

　＜手順＞
1. 本章、2節で解説された「よい話のガイドライン」を参考にして、自分なりに「理想の話し手」として気をつけたいことを書き出してください。
　＊付箋紙などに書いて並べるのもよいでしょう。

2. その中から、特に重要で、今後しばらく、自分のガイドラインとして意識していきたいものを3つにまとめ、力強い言葉で書いてください。
　＊（例）明るく、楽しく、元気に話す。

> 1.
>
> 2.
>
> 3.
>
> 　　　　　　　　　年　月　日　氏名＿＿＿＿＿＿＿＿

第13章

本論の構成

1 メインポイントの３部構成

　聞き手のニーズが読めたら、それを頭に入れた上で、自分の言いたいことをリストアップします。普通、人は聞いただけで４つ以上のことを頭に整理して記憶することは難しいと言われています。そこで、**言いたいことは、３点にまとめる**ようにするのです。

　たくさん言いたいことがあって、６つも７つもポイントを話したところで、聞き手が記憶できなければ意味がないし、しかも聞き手が聞きたいと思っていることでなければ、話したことがかえって邪魔になる場合もあるわけです。

　聞き手のニーズに合った３点に絞って、しかも、聞き手の最も聞きたいことから順番に並べることが大切です。

　聞き手が、プレゼンテーションの途中で急用ができて席を離れるかもしれません。いざというときのためにも、できるだけ早く大切なことを聞いてもらうことが必要です。

　また、一番興味のあることを先に聞かなければ、途中で話の内容に飽きて、真剣に聴くのを止めてしまうかもしれません。とにかく、ニーズの高い順に、重要度の高い順にポイントを並べることが大切です。

　例えば、前章の「ヤマニチ（株）」のケースで考えてみましょう。

[**杉山さんの言いたいこと**]

　①アメリカの高級住宅の活用で優れた住環境を提供。
　②ヤマニチ社の跡地利用で、社会的に大きな宣伝効果となる。
　③高齢者向けの事業で社会貢献ができる。
　④収益も見込めるので、業務の多様化につながる。
　⑤産業建築とのパートナーシップで開発するので安心。

　などのポイントをアピールしたいところでしょう。

　ところが、ヤマニチ社として「聞きたいこと」は何でしょう。特に、聴衆

分析でわかったように、キーパーソンである大場財務担当取締役の聞きたいことは何でしょうか。

大場取締役にとっては、「ローコスト経営」が一番の課題でした。財務状態を健全にしてから新規投資をすべきだという信念を持っています。新しい事業で、運営面が複雑になることも気になっています。とにかく大きなお金を使うためには、しっかりした計画がなければダメだと思っているようです。

しかも、大場さんは、森営業本部長が持ってきたこの案件に「高すぎて話にならない」と、詳細も検討せず一蹴しています。どうやら、ビバリーヒルズの家が、どんなに魅力的かを話しても、取り合ってくれないのではないかという懸念が湧きます。

そこで、メインポイントを3つに絞るなら、まずは大場さん攻略のポイントから入らなければならないでしょう。しかも、一番の課題「ローコスト経営」のからみです。

次は、複雑な運営に対する疑念が残る大場さんと、やることが一杯あって大変だが、新規事業開発担当として、一花咲かせたい山田取締役のサポートを得るために、産業建築（株）が、しっかりした運営計画で支援できることを強調したいところです。

優れた住環境のアピールは最後に回し、木村社長も力を入れている「お客様満足度の追求」にからめて述べていくとよいでしょう。魅力的な建物を押し出すというのではなく、ヤマニチ社の新規顧客への満足度アップという観点で述べれば、森営業本部長はもとより、山田取締役にも利益になり、大場取締役も反対はできないだろうと思われます。

このように考えて、言いたいこと（＝産業建築の強み）を強調するのではなく、聴衆の聞きたいこと（＝コスト構造・収益構造の改善とお客様満足度追求）を中心にメインポイントを並べるのです。

メインポイントは、次のようにしてみました。

①ローコスト経営を支援する

②計画的な事業立ち上げを支援する
③お客様満足度の追求を支援する

しかも、言葉遣いとしては、聞き手の使っている言葉を使うことが基本です。「スリムな経営」でもなく「省エネ経営」でもなく「ローコスト経営」と言わなければなりません。

❷ 主張・理由・具体例の３階層

メインポイントができたら、なぜそう言えるのかという理由をそれぞれのメインポイントに対して２～３つ書きます。これをサブポイントと言います。

サブポイントは、理由であったり、原因であったり、利点であったりしますが、それぞれのメインポイントに対する関係を統一した方がよいでしょう。メインからサブへ、思考の階層をそろえるわけです。

階層化の種類を示しましょう。思考の深まりをツリーのように広げて書いてみる手法をツリー化と言います。

■ WHYツリー（階層化）

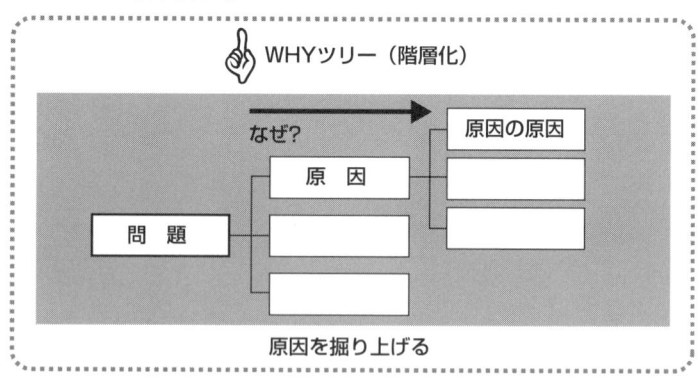

```
        WHYツリー（階層化）

        なぜ？ ───────→  原因の原因
                   ┌─ 原　因 ─┬─────
        問　題 ────┤          └─────
                   └─────────

              原因を掘り上げる
```

■HOWツリー（細分化）

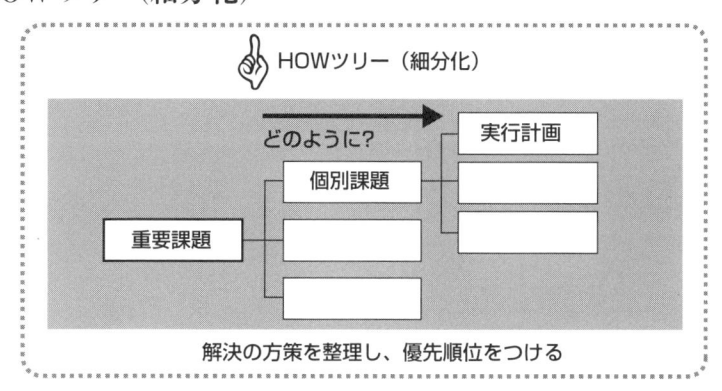

```
        HOWツリー（細分化）
              どのように？      実行計画
                       個別課題  ┌────┐
                       ┌────┐  │    │
                       │    │  └────┘
         ┌────┐        └────┘  ┌────┐
         │重要課題│─┬──┌────┐   │    │
         └────┘  │   │    │   └────┘
                 │   └────┘
                 └──┌────┐
                    │    │
                    └────┘
   解決の方策を整理し、優先順位をつける
```

■WHATツリー（具体化）

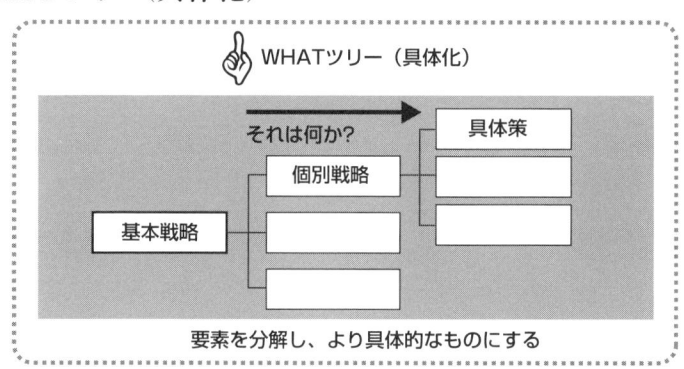

```
        WHATツリー（具体化）
              それは何か？      具体策
                       個別戦略  ┌────┐
                       ┌────┐  │    │
                       │    │  └────┘
         ┌────┐        └────┘  ┌────┐
         │基本戦略│─┬──┌────┐   │    │
         └────┘  │   │    │   └────┘
                 │   └────┘
                 └──┌────┐
                    │    │
                    └────┘
   要素を分解し、より具体的なものにする
```

■主張の3要素

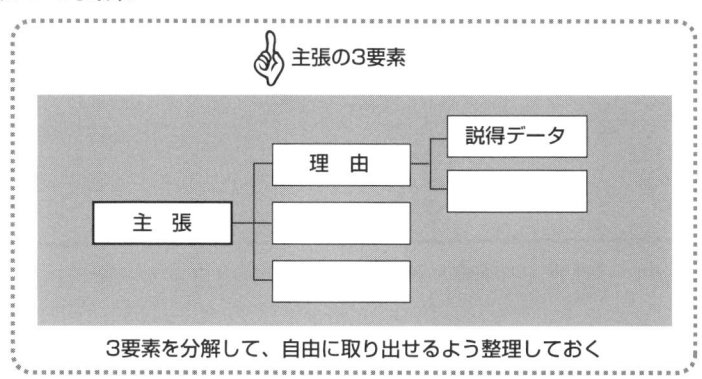

```
            主張の3要素
                             説得データ
                       理 由  ┌────┐
                       ┌────┐ │    │
                       │    │ └────┘
         ┌────┐        └────┘ ┌────┐
         │主 張│─┬──┌────┐   │    │
         └────┘  │   │    │   └────┘
                 │   └────┘
                 └──┌────┐
                    │    │
                    └────┘
   3要素を分解して、自由に取り出せるよう整理しておく
```

主張（＝メインポイント）が3つ、各メインポイントに対して理由や利点など第2階層が2～3つ、それぞれの理由や利点には、具体的なデータを2つか3つ用意します。これで、主張説得の構造ができあがるのです。

③ 考えるデータと感じるデータ

具体例すなわちデータを2つか3つ用意すると言いましたが、人を説得するときの具体例は、基本的には2種類用意する必要があります。説得するというより、人が心理的に納得する2つの要素があるのです。これを説得データと呼びます。

(1) 説得データ

説得データとは、プレゼンテーションの中のポイントを証明する証拠のことです。この説得データが、プレゼンテーションを論理的で、説得力のあるものにします。説得データの種類としては、数字などで表す定量的なデータ（統計、効果測定、他社事例、事実データなど）と、数字では表さない定性的なデータ（具体的事実、体験談、引用、たとえ話、ビジュアルなど）があります。

①定量的データ

とにかく数や量で表すデータのことです。人は、統計など客観的な数値がないと、信用しないものです。定量的データは、人の理性に働きかけ、主張に対する理解と信用を高めます。

頭を使うデータという意味で、私は「考えるデータ」と呼んでいます。

②定性的データ

数ではなく、身近な人や場所、事柄など具体的な名前などで表すデータのことです。あるいは、写真や現物など視覚に訴えるもの。他には、「ウサギとカメ」などイソップ物語のたとえ話や、「急いては事を仕損じる」などのことわざ、比喩なども定性的なデータと言えます。

定性的なデータは人の感性に訴えて、親近感や動機付けになります。気持

ちに働きかけるデータという意味で、私は「感じるデータ」と呼んでいます。

考えるデータは左脳に働きかけ、感じるデータは右脳に作用します。左脳と右脳が協力して、納得感を高めるのです。

例えば、ある妻が、夫にブランド品のバッグを買ってほしいと思ったとき、「丈夫で長持ち、世の中の30％の主婦が持っている」と、理性的なデータだけでは説得できないし、「あなたのライバルの○○さんの奥様も最近買ったらしいわよ」と感情に訴えただけでも行動に移しにくいでしょう。この両方があってはじめて、夫の財布の紐が緩むのです。もちろん、夫に相談などせず、自分を納得させて買ってしまう妻の方が多いかもしれませんが。

プレゼンテーションの中のポイントを効果的に伝えるためには、こうした様々な説得データを使いながら、聞き手に事実や、周りの情報を伝え、比較、連想してもらい、納得してもらう必要があるのです。

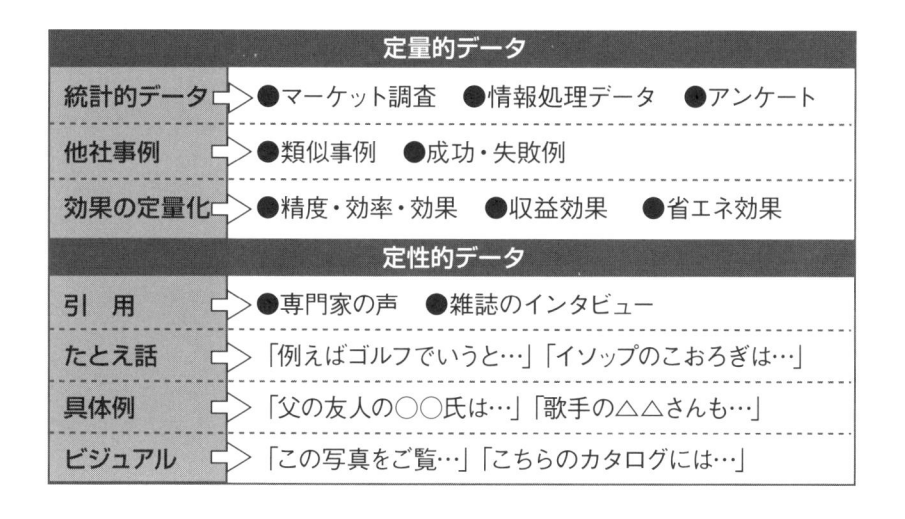

	定量的データ		
統計的データ ⇨	●マーケット調査	●情報処理データ	●アンケート
他社事例 ⇨	●類似事例	●成功・失敗例	
効果の定量化 ⇨	●精度・効率・効果	●収益効果	●省エネ効果
	定性的データ		
引　用 ⇨	●専門家の声	●雑誌のインタビュー	
たとえ話 ⇨	「例えばゴルフでいうと…」「イソップのこおろぎは…」		
具体例 ⇨	「父の友人の○○氏は…」「歌手の△△さんも…」		
ビジュアル ⇨	「この写真をご覧…」「こちらのカタログには…」		

主張と理由、説得データの３点セットで、納得感が高まると覚えておきましょう。３つのメインポイントに対して、それぞれこの３階層を用意することで、プレゼンテーションの本論ができあがります。

4 本論の全体像

プレゼンテーションの全体像を、別の形で表してみましょう。

プレゼンテーションの全体像

- 1　雰囲気作り／ニーズの確認／プレビュー／目的
- 序論（イントロダクション）N-P-B-F
- 2　メインポイント1／メインポイント2／メインポイント3／サブポイント1／サブポイント2／サブポイント3
- 本論（ボディ）P-B-F
- 3　ニーズの再確認／ポイントの要約／目的
- まとめ（コンクルージョン）N-P-B-F

　イントロダクションとコンクルージョンについては、次の章で解説します。
　まずは、聴衆分析を基に、ボディ（＝本論）を3部構成し、それぞれのメインポイント（＝主張）にサブポイント（＝理由や利点）を2つか3つ挙げ、それぞれのサブポイントに説得データ（＝具体例）を2つ用意することが、本論構

築の全体像です。

　メインポイントを3つに絞り、理由とデータで3階層に深めることができたら、それを一覧表にまとめましょう。話の中心が一目で見えるようにするわけです。自分で話の見える化をしておけば、話す内容を忘れたり、途中で混乱したりすることを避けられるだけでなく、聴き手も聞きながら、その一覧表を頭に焼き付けてくれるので、内容を深く理解し、長く記憶することに役立つでしょう。

メインポイントの3部構成一覧表

重要	メインポイント	サブポイント	説得データ（2つ）
1	ローコスト経営を支援	将来の維持用投資額を削減	維持費□％減（他社比較） 俳優のA氏も満足
		人件費を削減	産業建築の負担□円/年 営業の○○は面倒見よい
		運転資金を削減	投資効果あり□％運用可 大場様の成果になる
2			
3			

まとめの演習

『3部構成の練習』

あなたの友人（Kさん）は喫煙者です。家庭も持っており、小さな子供もいるとのことです。子煩悩だと聞いています。かなりのヘビースモーカーで、会社でもよく喫煙ルームに通っているのを見かけます。他の社員からは、洋服がくさいなどというクレームもたまに聞かれます。お客様にも不快感を与えているかもしれません。さて、友人として、Kさんに禁煙の勧めをしたいと思いました。3部構成で本論を作成してみましょう。

＜手順＞
① 言いたいことを列挙します。
② 相手のニーズを考えて、何から言うか、何を言わないかを決めます。
③ メインポイントを3つに絞ったら、理由2つと具体例各2つを作ります。
　＊具体例、データは想像でもかまいません。
④ 全体像を一覧表にまとめましょう。

重要	メインポイント	サブポイント	説得データ（2つ）
1			
2			
3			

第14章 アウトライン構成

1 序論（つかみ）の流れ

　本論ができても、話をするときに突然本論から話すわけにはいきません。そこで、プレゼンテーションでは、導入部分として序論という段階を設定します。
　序論の後、本論、そして最後にまとめをつけて、本論をサンドイッチにするのです。このようにプレゼンテーションを振り分けることを「アウトライン構成」と言います。
　まず、導入部分としての序論の作り方についてお話ししましょう。

1. 序論の意味

　導入、序論、前置き、イントロダクションなど、色々な言い方がありますが、私は「つかみ」と呼ぶのが一番好きです。つかみとは、一体何をつかむのか。それは、聞き手の心をつかむのです。そう、聞いてみたいという欲求に火をつけるということです。
　どうすれば、そんなことができるのでしょうか。外国では、最初にジョークやユーモアを入れて、聞き手の興味を引きつける手法をよく使います。もちろんそれはよい方法です。
　しかし、日本人のあなたにはマネができるでしょうか。はずしてしまうとまずいなと、かえって緊張するかもしれません。また、聞き手も日本人であれば、かっこよくてもあまり突飛なジョークには、かえって眉をひそめるかもしれません。
　私の持論は、序論では聞き手のニーズに焦点をあてて、"この話は、私が聞きたかった話だ" と思ってもらえるように持っていくことで、聞き手の心をつかむという考え方です。**「聞きたい話を人は聞く」**という大前提があるからです。
　また、日本では特にそうですが、話し手が感じのよい人だ、聞いてあげた

いと思えるような雰囲気作りも重要です。

　では、どのようにすれば、聞き手の心をつかむことができるのでしょうか。

　大きく分けて、序論では次の4つのことを実践しましょう。

2. 序論の4ポイント

(1) 雰囲気作り

　まずは、きっちりしている、感じのいい人だな、と思ってもらうことが前提です。そのためには、正しいあいさつから始めましょう。雰囲気作りに有効な5つのステップは次の通りです。

①あいさつ

　「みなさん、おはようございます」というように、はっきり大きな声で、前を向いてあいさつし、男性なら手を横に、女性なら前にそろえて礼をします。角度は45度くらいが適切です。

②氏　名

　聞き手は、この話し手は礼儀正しい人だな、と思ったら、一体誰だろうと思うはずです。そこで、すかさず氏名を名乗ります。

　「私は、○○社の荒巻と申します。荒巻基文と申します」

　姓だけでもよいのですが、1回言っただけでは覚えてもらえないことが多いので、2回言いたいのです。そのために、1回目は姓だけ、2回目に姓名を告げれば、姓を2回聞いてもらえます。したがって、覚えてもらえる確率が上がります。

③感　謝

　名前がわかったところで、改めてプレゼンを聞いていただくことへの感謝の言葉を述べます。

　「本日は、ようこそ◇◇講演会にお集まりくださいました。心より感謝申し上げます」と、感謝の言葉を述べます。礼は30度程度でよいでしょう。

　ここまでくると、"礼儀正しい人だな、謙虚だし、何の話か知らないが、

聞いてあげてもいいか"という心理が聞き手の中に芽生えます。

④テーマ

そこで、聞き手の希望に応えるように、プレゼンテーションのテーマを告げます。通常、スライドに出ていて、聞き手の目に入っているタイトルをそのまま読みます。

「**本日は、"成功するプレゼンテーションの心と技"についてお話しいたします**」というような感じで、余分な言葉を極力排して、タイトルを告げるのです。

聞き手は、何の話かはわかったけれど、自ら聞きたいと思っているかどうかはわかりません。

⑤アテンション・ゲッター

その後、すぐに内容の予告に入らず、聞き手の注意をひきつけます。どうすれば、聞き手の注意（アテンション）をゲットできるか。簡単な方法があります。それは、質問することです。できれば、聞き手の関心のある話題がよいでしょう。特に思いつかなければ、プレゼンのテーマについて質問するのが一番簡単です。

「**ところでみなさん、プレゼンテーションにおける"成功"とは一体何でしょうか**」というような問いでよいのです。質問されれば、普通の人は"何だろう"と考えます。考えることで興味が湧くのです。

さらに上級になれば、直接テーマに関係のないような話題で、しかも　聞き手の興味のある質問などがベターです。

「**ところでみなさん、本当に流行っているラーメン屋さんの秘密って何だと思いますか**」こんな問いなら、"へ、何だろう"って考えませんか。

(2) ニーズの設定

礼儀正しく、しかも興味をそそる雰囲気ができたところで、アテンション・ゲッターの質問から、聞き手がなぜ今日の話を聞かなければならないの

か、そのニーズを設定します。

　「プレゼンにおける成功とは、みなさんが日々のお仕事で成功を求めていらっしゃるのと同じです。相手をよく知り、優れた技術で発表（仕事）をし、あくまでも相手のためになりたいと利他の思いで臨むことです。プレゼンの学習を通して、仕事力もあわせて伸ばしたいと思っていらっしゃるみなさんに、本日は、『成功するプレゼンテーションの心と技』を存分にお伝えしたいと思います」

　というような感じで、聞き手に"これは、私が求めていたことに関連があるんだ"という気持ちを抱いていただくわけです。

(3) 予　告

　聞きたいという気持ちが湧いてきたところで、話の流れを予告して、期待を高めます。

　「本日の主な内容は次の3点です。1. 聞き手のニーズを分析する、2. プレゼンの技を磨く、3. 利他の心で聞き手を思う、です」

　もし、長いプレゼンであれば、時間の使い方についても予告します。

　「約30分のお話と、それに続けて15分程度の質疑応答の時間をお取りしますので、ご質問のある方は、そのときにお願いいたします」など。

(4) 目的の確認

　最後に、このプレゼンを聞いていただき、聞き手にどうなってもらいたいか、目的を明確に告げます。

　「このプレゼンをお聞きいただき、"よし、すぐに××だけでも仕事に応用してみよう、そして、次にプレゼンをする機会があれば、自ら主体的に取り組んでみよう"と思っていただければありがたく存じます」

　基本的には、これで序論は終わりです。何のために、何を、どういう手順で話すのか、全体像を明らかにするのです。

つかみの準備シート

雰囲気作り	あいさつ	
	氏　名	
	感　謝	
	アテンション・ゲッター	
ニーズの設定		
予　告	内容予告	
	進め方予告	
目　的		
つなぎの言葉、満足度チェック		

そして、最後に、本論に移ってよいかどうかを聞き手に確認します。

「それでは、そこまでよろしいでしょうか。**本論に移らせていただいてよろしいでしょうか**」

序論で押さえるべきことはやはり NPBF です。聞き手のニーズ（N）を設定し、何を話すか（P）を明らかにし、それがもたらす効果や結果（B）を確認して、それでよいかどうか、つなぎの言葉を使ってフィードバック（F）をもらうわけです。

4つのステップの中には、9つのポイントがありました。

あいさつ、**氏名**、**感謝**、**テーマ**、**アテンション・ゲッター**、**ニーズ設定**、**予告**、**目的**、**つなぎの言葉**、です。これを覚えておきましょう。

❷ 本論（ボディ）の詳細

3部構成のところでお話ししたように、メインポイントとサブポイント、説得データを各2つ用意するところは押さえました。

ここでは、1つのメインポイントが数分かかる場合、最後にポイントの要約をすることと、1つのメインポイントが終わったら、次にいってよいかを聞くつなぎの言葉を入れることを追加してお願いしておきたいと思います。

また、それぞれのサブポイントごとに、聞き手が疑問に思うかもしれないことを予測して、想定質問を書いておくことをお勧めします。質疑応答のときに、きっと役に立つはずです。

次頁にメインポイントの記入用紙のひな形を示します。

メインポイントの記入用紙のひな形

メイン ポイント	サブポイント	説得データ	想定質問
	サブポイント	説得データ	想定質問
	サブポイント	説得データ	想定質問
ポイントの要約			
つなぎの言葉、 満足度チェック			

3 まとめ(落とし)の流れ

　本論の3つのメインポイントが終わったら、最後はまとめに入ります。結論とかコンクルージョンと呼ぶこともあります。私は、「落とし」と呼んでいます。何を「落とす」のか。"なるほどそういうことだったのですね"と腑に落とすわけです。

　「落とし」では、大きく分けて3つの部分、さらに細かく言うと6つのステップでまとめます。

(1)ニーズの再確認

　「つかみ」ではニーズを設定しました。ニーズがある、すなわち聞き手の聞きたいことだから本論で詳しく話したわけです。詳しい話が終わったら、再度ニーズを確認し、みなさんがこういうご要望をお持ちだったので、本日のテーマを取り上げたのですよ、という意識を明確にします。

　「なかなか、人前で自信を持って話すことができない。そこで今回は、プレゼンテーションの成功の秘訣を学び、それを日常の仕事にも応用したいと願っていらっしゃるみなさんでしたね」

(2)まとめ

　そこで、何を話したのかをおさらいするのがまとめです。
①テーマ
　プレゼンのタイトルをその通り告げます。
　「このようなご要望をお持ちのみなさんに、『成功するプレゼンテーションの心と技』というテーマでお話しさせていただきました」
②メインポイントの要約
　何を話したのか、メインポイントを告げて、時間が許せば簡単に要約します。

「職場で成功する仕事の仕方を身につけたいというみなさんのご要望に、このプレゼンテーションがどのようにお応えできるかということをお話させていただきました。話の構成としましては、第1のポイントで、聞き手のニーズを分析する、第2のポイントで、プレゼンの技を磨く、そして第3に、利他の心で聞き手を思う、でした。どのような心がまえで、どのような技術を使って話せばよいかが、おわかりいただけたことと思います」

③ビジュアライゼーション

　要約の中で、特に聞き手に訴求したポイント、聞き手の役に立ったと思われるポイントを取り上げて、その利点を目に浮かぶような表現にして訴えます。これをビジュアライゼーション（視覚化）と言います。

　プレゼンで説明されたことを実践すると実現すると思われる素晴らしい場面を、目の前にありありと見せてあげるのです。

「**特に、笑顔で話すことの重要性が理解できたのではないかと思います。是非この笑顔の作り方を実践していただきたいと思います。皆さんの将来のプレゼンで、聞いている方も笑顔になり、話している人は安心でき、気持ちが通って会場全体がニコニコしている様子が目に浮かぶようです**」

　将来起こるベネフィットを、ありありとイメージしてもらうわけです。

(3) 目　的

　よかったなと思っているところで、すかさず要望としての目的を伝えます。

①目的の確認

「最後になりましたが、このプレゼンをお聞きいただき、"よし、すぐに××だけでも仕事に応用してみよう、そして、次にプレゼンをする機会があれば、自ら主体的に取り組んでみよう"と思っていただければありがたく存じます」

②感謝の言葉

　すべてが終わったら、「以上」というような無機質な終わり方や、「ご静聴

ありがとうございました」というような決まり文句ではなく、さわやかに**「ありがとうございました」**と言って終わるのがよいでしょう。

そして、しっかり礼をして1秒ほど間を置きます。すると、たいていの場合は、拍手が起こります。軽く会釈をしてそれを受け、一段落したところで質疑応答に入ります。

「それでは、ご質問のある方は挙手にてお願いいたします。どうぞ」というように投げかけると、関心を示して聞いてくださった聴衆であれば、きっと何か質問をしてくれることでしょう。

アウトライン構成でおわかりのように、各項目は物語のように関連してつながっていきます。1つの項目が終わるときには、その項目のまとめをし、次に移ってもよいかを確認し、そして次に何を扱うかを予告する。この一連の作業を**「ブリッジをかける」**と言います。各項目がばらばらにならないように橋をかけるわけです。

うまく橋をかけて、最後まで飽きないように、次から次へと興味が高まっていくようにプレゼンを進めていただきたいと思います。

❹ Whole-Part-Whole の考え方

もう一度、プレゼンの全体像を見ておきましょう。

一般的に、何かを一度聞いただけで記憶できる人は少ないものです。記憶に残してもらうには、同じことを3度ぐらい言わなければなりません。しかし、単純に3回同じことを繰り返したのでは飽きることでしょう。

そこで、Whole-Part-Whole の考え方に従って、プレゼンの内容を序論で1回大枠を話し（Whole）、本論で内容を詳しく話し（Part）、最後にもう1度まとめで大枠を話す（Whole）ことで、飽きることなく3回内容に触れることができるようにするのです。

プレゼンの全体像（Whole-Part-Whole）

WHOLE（全体）	イントロダクション

↓ 満足度チェック&つなぎの言葉

PART（詳細） — ボディ
- メインポイント1
  - ポイント① — WHOLE
  - 説得データ — PART
  - 要約 — WHOLE

満足度チェック&つなぎの言葉

- メインポイント2
  - ポイント② — WHOLE
  - 説得データ — PART
  - 要約 — WHOLE

満足度チェック&つなぎの言葉

- メインポイント3
  - ポイント③ — WHOLE
  - 説得データ — PART
  - 要約 — WHOLE

↓ 満足度チェック&つなぎの言葉

WHOLE（全体）	コンクルージョン

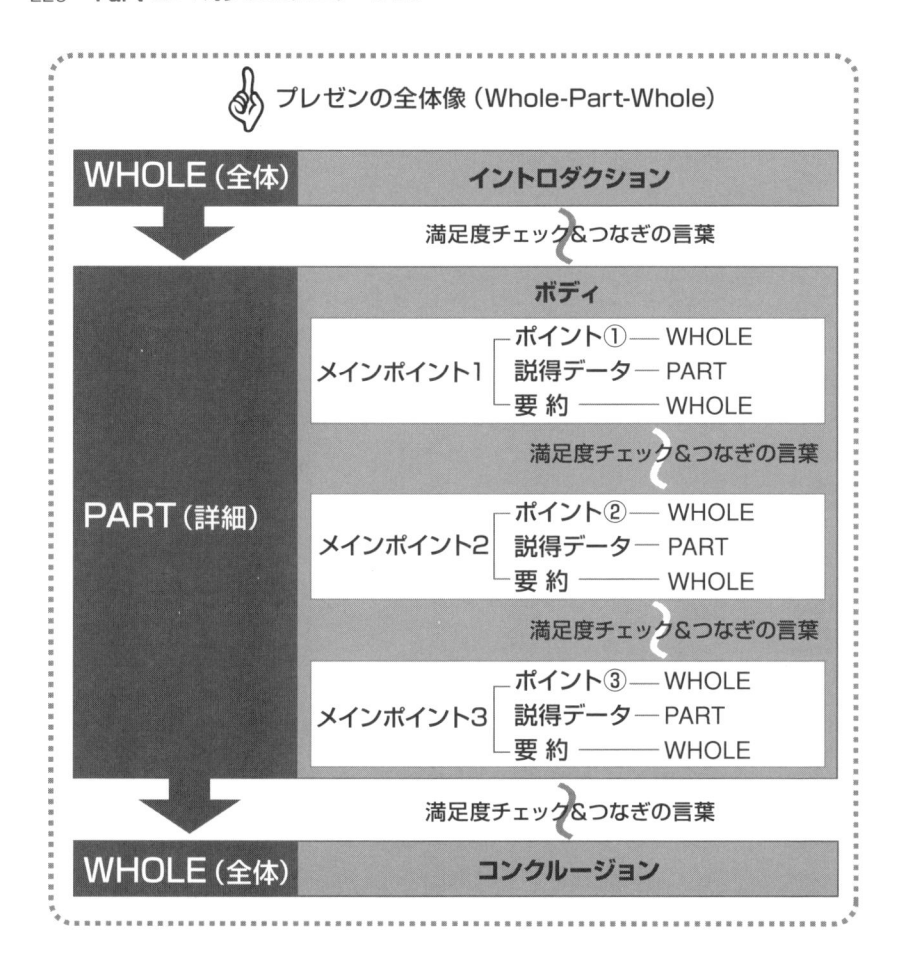

　また、本論の中でも、メインポイントのタイトルを告げ（Whole）、理由やデータなど詳しく述べ（Part）、最後に要約（Whole）してまとめてから次に進む、というようにWhole-Part-Wholeを実行します。

　このように、何度もメッセージを、手を替え品を替え聞いてもらうことで、やっと聞き手の心に残るプレゼンができるのです。

5 質疑応答の仕方

　プレゼンが終わって、聞き手が興味を喚起されたなら、質問をしてくれる可能性が高まります。しかし、一般的にプレゼン実施者は、質疑応答を苦手だと感じているようです。苦手意識を持っていると、ついつい質疑応答の時間を短くしようという心理が働き、十分な時間を取らないばかりか、質問がない方がよいプレゼンだと言わんばかりに、そそくさと質疑応答を終えてしまいます。何ともったいないことでしょう。

　プレゼンは、たとえ聴衆のニーズを予測し、聴衆の聞きたいことを話すように努力したとしても、基本的には1対多で、一方的に話すのです。本当はもっと双方向的にしたいのですが。

　プレゼンの最中にも、フィードバックやつなぎの言葉で聴衆の意向を確認するチャンスはありますが、**正式に聴衆と対話ができるのは質疑応答の時間**だけです。この時間を活用しないで、聴衆の満足度を上げることはできません。特に、海外では、質疑応答の出来栄えがプレゼンの出来栄えを大きく左右します。質問にうまく対応できることが、よい話し手の要件でもあります。したがって、質疑応答の時間はゆったりと取る必要があります。おおよそ、プレゼンテーション全体の40％は質疑応答にあてるくらいの気持ちが必要です。30分のプレゼンなら12分です。

　そこで、あらかじめどのような質問が出るか予測をしておくことが役に立ちます。前章「本論（ボディ）の構成」で述べたように、ポイントごとに、もしあなたが聞き手だったらどんな質問をするかを想定しておくのです。自分なりに回答も用意しておきましょう。人が疑問に思うところは似かよっているものです。もし、想定したところを聞かれたら、待ってましたとばかり、しかし相手の質問をほめながら、おもむろに答えればよいのです。

　想定外の質問が出た場合にどのように対処するかは、後でお話しします。

また、質疑応答の時間をたくさん取っておいても質問が出ない場合、手持無沙汰で困ると思って質問の時間を短くする人もいますが、想定質問を考えておけば、たとえ質問が出なくても、自分で質問を演出することで、プレゼンを補強することができます。

「**ご質問はございませんでしょうか。例えば、○○のときにはどうすればよいか、というようなご質問をよくいただきます。そういう場合は……**」というように、自分で質問して自分で答えるのです。補強したい点を単に「補足します」と言って追加するのでなく、あたかも聞き手からの質問に答えているような体裁で補強できるので、双方向的な印象を出すことができます。

それでは、質問があった場合の対応の手順をお話ししましょう。

質疑応答の手順

質問／反論
○○とはどういうことですか。納得できませんので、説明してくれませんか？

回答

STEP 1　答える前に感謝／確認／共感
ご質問ありがとうございます。(感謝)
○○について懸念をお持ちだということですね。(確認)
確かにその点は難しい点ですね。(共感)

STEP 2　聴衆全員に質問を言いかえる
質問者本人に確認するだけでなく、
その質問内容を全参加者に向かって伝え、
再度重要であると確認する。

STEP 3　回 答
回答に窮するときでも、6つの戦術(後述)を使えば、
あらゆる質問に対応することができる。

STEP 4　答えに対する満足度チェック
回答が終わったら、もう一度質問者に向き直り、
その答えでよかったかどうか満足度をチェックする。

| ステップ1 | 3K（感謝/確認/共感）で受ける |

　質問や反論など、聞き手が何か発言してくれたら、まず「3Kで受ける」を心がけましょう。3Kとは、感謝・確認・共感です。

　「それはそういう意味ではなくて……」などと、あせってすぐに反応すると、不適切な答えをしたり、聞き手に対し防衛的に聞こえたりします。まず**「ご質問ありがとうございます（感謝）。○○について懸念をお持ちだということですね（確認）。たしかにその点は難しい点ですね（共感）」**のように受けるのです。

　どんな質問であろうと、質問してくださったこと自体ありがたいことです。直接ニーズを話してくださったのだから、心から感謝の気持ちを表すのは当然のことです。そして、質問者の質問を繰り返すことで、「間違いなく聞きとりましたよ」というメッセージを伝えることができます。

　また、どんな質問でも"悪い質問などない"と言われるように、聞かれた内容について敬意を払い、質問者の気持ちに共感することが大切です。

　「それはよい質問ですね」「なるほど、難しい質問ですね」「そうですか、それは大変ですね」などの表現で、対抗しようとか防衛しようとかの意図がないこと、心から真剣に応えたいのだという気持ちを伝えましょう。そうすれば、たとえ質問者が反論や懸念を持っていても、心が和らぎ、回答者の答えを前向きに聞いてみたいという気持ちになるはずです。

| ステップ2 | 聴衆全員に質問を言いかえる |

　これは、多人数を相手にしたプレゼンのときに行います。3Kで受けているときは、質問者に向かって1対1で質問を聞いています。多くの場合、質問者はプレゼンに興味があり、会場の前の方に座っているものです。したがって、後ろの席の人には質問の内容が正しく聞き取れていない可能性があります。あるいは、質問者の質問に興味がないかもしれません。

　回答は、参加者全員に向かってするものですから、何に関する質問かが全

員に理解される必要があります。そこで、質問者本人に確認するだけでなく、その質問内容を全参加者に向かって伝え、再度重要であると確認します。

　このときのコツは、質問者の言葉を同じように繰り返すのではなく、少し脚色して、発表者自らのプレゼン内容の補強として話せるような表現に言いかえるのです。

　例えば、次のようです。

質問者：「その値付けは、あまりにも高すぎますよ。なぜそんな値段になるのかまったくわかりませんね。説明してくれませんか」

質問者に向かって：

回答者：「ご質問ありがとうございます」

　　　：「この商品の値付けが高すぎるのではないかと思われるのですね。この値段になった理由を説明してほしいとのご依頼ですね」

　　　（確認の段階で、やや語調を和らげるなどして、厳しい質問でも雰囲気を和らげてみるとよい）

　　　「たしかに、値段の問題は大切ですね」

参加者全員に向き直り：

回答者：「さて、ただ今、この商品に、この値段がついた理由について、詳しくお知りになりたいというご依頼がありました。みなさんも、大いに関心がおありだと思います。なぜ○○円になったのかについて、その背景をお話ししましょう」

　　　（言いかえることによって、反論に対する防衛ではなく、まるで自分のプレゼンの補強・補足説明のように、前向きに説明することが可能になります）

ステップ3　回答する

　いかなる場合も、質問があれば回答しなければなりません。しかし、回答に窮することもあるでしょう。

次の6つの戦術を使えば、あらゆる質問に対応することができます。

①正攻法

正面きって答えるということです。ほとんどの場合は、この対応になるでしょう。聞き手の質問に価値があると信じて、心を込めて答えましょう。想定した質問がなされた場合は、ラッキーですね。にこやかに落ち着いて答えましょう。

②委託法

誰かに回答を委託するという方法です。発表者側が複数だったり、仲間がいるときには、その人たちに答えてくれないか依頼してみます。

「○○の件については、ちょうど会場に来られている△△さん、どのようにお考えでしょうか」

もし、知り合いや仲間がいない場合は、会場の誰かに振ってみるのも方法の1つです。

「○○の件について、どなたかご意見をお持ちの方はいらっしゃいますか」
など。

他の人が発言している間に、自分の考えをまとめたり、発言してくれた方の内容に補足をすることで、回答の幅を厚くすることができます。

③ブーメラン法

質問者に質問を投げ返す方法です。質問の趣旨が十分理解できなかったり、どのような対応を期待しているのか真意を確かめたい場合などに有効です。

「～とおっしゃった**質問内容**を、もう少し例を挙げて説明していただけませんか」

「××について、◇◇が有効かどうか、懸念をお持ちなのですね。◇◇の有効性に疑問を持たれた一番の理由は何でしょうか」

「なるほど。その件について、あなた（○○様）はどのようにお考えなのですか」

本人に質問を投げ返すことで、その反応に応じて答え方を調整することが

可能になります。

④例話法

直接回答するのが難しい場合、比喩や例を挙げて答えたことにする方法です。

例えば、提案したプランの具体的な効果を聞かれたとしましょう。まだ、実施をしていないのですからはっきりとは言えないのですが、何か答えなければいけません。そこで、「例えば、K社ではこのようなことがありました。よく似たプランですが、……という結果が出たそうです。今回のプランでも、**同じような効果が見込めるのではないかと思います**」のように例を示すのです。

あるいは比喩的に、「そのプランを、どのくらいの期間で実現するかということですが、まっ"**急がば回れ**"というスタンスでいきたいと思っています」

このような答え方で、直接的な回答を避ける方法です。

⑤延期法

答えるつもりはあるが、今すぐにはできないと告げる方法です。

「○○については、まだ発表前で社外秘となっておりますので、**発表許可が出次第、一番にご報告いたします。それまで、お待ちいただけますでしょうか**」

また、プレゼンの途中で質問をさしはさまれた場合など、「その点につきましては、**このプレゼンの最後の項目でまとめてお話しする予定ですので、しばらくお待ちいただけますでしょうか**」というように対応することもできます。

⑥否定法

最後は回答するのを否定するという方法です。

知らないことは答えられないし、答えてはいけないこともあります。たとえば、他社の丸秘情報を教えてほしいと質問されたら、「**守秘義務がありますので、お答えいたしかねます**」と断ることが正しい対応でしょう。

あるいは、本題に関係ないことで答える必要がないと思えば、「**この場にはそぐわしくない話題かと思いますので、回答を差し控えさせていただきま**

す」と断るのも選択肢の1つだということです。

　このように、6つの回答戦術を知っていれば、あらゆる場面で対応が可能です。

　質問は反抗ではありません。情報を求めているのです。**質問されることはいいことだ**と思い、感謝して喜びを持って受け止めましょう。そう思えば、質疑応答の時間を、聴衆との**双方向的関係をつくるチャンス**として考え、しっかり時間を取ることができるでしょう。

ステップ４　答えに対する満足度チェック

　回答が終わったら、もう一度質問者に向き直り、その答えでよかったかどうか満足度をチェックします。

　「というお答えでよかったでしょうか」

　会場の全員に向かって、プレゼンの補強として話した内容ですから、全体の雰囲気は前向きになっているはずです。ですから、質問者も、たいていの場合は「結構です」と同意してくれることでしょう。

　そうしたら、「ありがとうございました」と感謝の言葉を述べて、1件の質疑応答を終わります。そして「それでは、次の質問お願いいたします」と、進めていけばよいのです。

質疑応答のポイント

- ✓ 質問は反論ではない、情報を求めているのだ
- ✓ 回答は簡潔明瞭に
- ✓ 回答をプレゼンテーションのポイントと結びつける

まとめの演習

『結婚式のスピーチ』

あなたは、友人の結婚式に招待されました。そして、友人代表として5分くらいのスピーチをしてほしいと頼まれました。主賓など数人のスピーチの後なので、できるだけ聞きたくなるように、ひきつけたいと思っています。また、せっかく話をするのですから、聴衆の役に立つ話をしたいとも考えています。そこで、「結婚生活大成功の秘策」というテーマで、次の3つのポイントを話そうと決めました。

　1.何かをしてほしいと要求しない
　2.他の家庭と比べてうらやまない
　3.お互いを尊敬する

未婚の人にも、既婚の人にも役立つ話になるように、ニーズを設定して、1分程度の"つかみ"を作成してください。

あいさつ	
氏　名	
テーマ	
感　謝	
アテンション・ゲッター	
ニーズの設定	
予　告	
目　的	
つなぎの言葉	

第15章 視覚補助（ビジュアルエイズ）の活用

1 ビジュアルの意味

　パワーポイントのスライドを活用したプレゼンが日常化しています。しかし、時々、"そんなスライドない方がいいよ"と思うこともあります。
　では、視覚補助（ビジュアルエイズ）は何のために使うのでしょうか。
　次の言葉は、昔、中国で儒教を起こした孔子が言われたそうです。

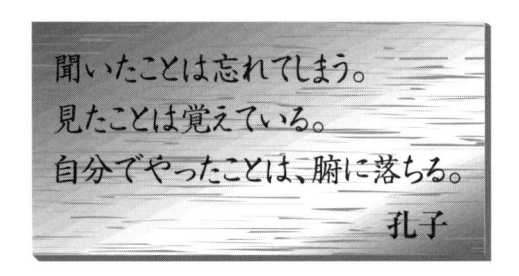

> 聞いたことは忘れてしまう。
> 見たことは覚えている。
> 自分でやったことは、腑に落ちる。
> 　　　　　　　　　　　孔子

　映画を見ても、そのセリフを翌日まで覚えていることはほとんどないでしょう。しかし、感動したその場面は、何年たっても目に焼きついているのではないでしょうか。
　人は、物事を正確に理解するには、言葉で論理的に聞くことが欠かせません。それは、左脳の活動です。しかし、理解したことを長く覚えておくためには、視覚像にしておく必要があるのです。それは右脳の活動です。左脳と右脳が両方で相乗効果を上げて、理解が深まり記憶に残るのです。
　それで、誰もがパワーポイントを使ってプレゼンをするようになったのでしょう。しかし、パワーポイントがあまりにも容易に作れるようになったせいでしょうか、反面、聞き手からのクレームも増えているようです。
　ある調査によりますと、プレゼンにおけるビジュアルに対するクレームは、悪い方から下記の順番になっているそうです。

1. １枚あたりの情報量が多すぎる
2. 字が小さすぎる
3. 色を効果的に使っていない
4. フォーマットが不統一
5. 話との関連性が不明瞭

しかも、圧倒的に１と２のクレームが多いのです。１枚のスライドに、文字をいっぱい書き込み、表や数字などをちりばめ、情報量を多くしてしまっている。要は"ごちゃごちゃしていて読みにくい"のです。

なぜそのようになってしまうのでしょうか。それは、話し手の心理によっています。このようなスライドを作ってしまう深層心理は、次のようなものです。

①話す内容を忘れると困る

あれもこれも話したいので、忘れると困る。言いたいことはすべてスライドに書いておこう、という心理です。

②いっぱい作ったという自己満足

こんなに色々考えて作ったのだ。その努力の跡を知ってほしい。成果を認めてほしいという自己顕示欲の表れでもあります。

③重要性の優先度がつけられない

話す時間内に盛り込んだものすべてを伝えられそうにないことはわかっているが、どれがより重要で、どれは伝えなくてもよいかの優先度がわからないため、ついついすべてを入れてしまいます。

このような心理が働くために、情報が多くなってしまうのです。<u>自分のために</u>スライドを活用しようとしているのです。

このようなスライドを提示したとき、往々にして話し手は「ちょっと読めないかもしれませんが……」「字が小さくて、見にくくてすみません」のように言います。変ですよね。食事を作ってお客様の前に出し、「ちょっと堅くてかめないかもしれませんが……」とか「食べられないと思いますが、す

みません」と言っているようなものです。

　出すからには食べられるものを、見せるからには読めるものを、です。

　ビジュアルを使う意味を確認しておきましょう。

　まず、スライドを使うのは、<u>聞き手のため</u>です。

①聞き手の理解を助ける

　論理的な紙面の構成と、十分に読める文字の大きさが大切です。

②聞き手の記憶を助ける

　孔子の言葉のように、グラフや図、絵など視覚に訴えるものが必要です。

③聞き手の興味をひきつける

　時にはクリップアートやアニメーションなども使い工夫をしましょう。

　ではパワーポイントのスライドは、どのように作成すればよいでしょうか。

2　ビジュアルの作り方

　パワーポイントでスライドを作成するときのコツを5つにまとめてお話ししましょう。

(1) 単純明快に

　できるだけシンプルに作ることが第1原則です。KIS（キッス）の原則と言います。Keep it simple. です。

①文字の大きさ（7×7）

　一番小さい文字でも18ポイント以上。できれば20ポイント以上を目指した方がよいでしょう。印象としては、会場の一番後の席からも読めることが前提です。英文のスライド作成時によく使われる基準に、7×7（Seven by seven）というものがあります。7行×7文字が1枚のスライドの最大文字量だということです。日本語の場合7文字というのは数えにくいですが、7行以内に収めようと思うと、文字の大きさや量の目安ができます。

②言葉の表現
　固い表現でなく平易な言葉、プレゼンの中で使う言葉を使い、体言止めや箇条書でわかりやすく表現しましょう。
③文字の種類
　"見せるゴシック、読む明朝"と言われるように、スライドで見せる文字はゴシック系の方が力強くてベターです。
④レイアウト
　行間をゆったり取り、できるだけページごとのフォーマットは統一しましょう。書体、番号、記号なども統一した方が一貫性があってよいでしょう。

(2) メッセージを明確に
　何が言いたいのかが、一目でわかるように作成したいものです。
①タイトルと本文のジャンプ率
　各スライドにはタイトルをつけ、ポイント数は一番大きくします。次は内容の主項目（サブタイトル）で、ポイント数は中ぐらい、そして具体的データなどは一番小さなポイントにする。ポイントとして、40 − 30 − 20 とかの順で小さくする。ロジックツリーの3階層に合わせて構成し、ポイントも階層が下がるほど小さくする。こうすると、構成が非常に論理的に展開できます。
② 1時に1つ（One at a time）
　1枚のスライドには1つのテーマのみを載せるという原則です。「スライド作成の方法」に関するテーマのスライドに「スライドの使い方」というテーマが同時に載っていると、内容が混雑して見にくくなるだけでなく、聞き手の焦点が定まりません。視線と意識を集中するためにも、たとえスライドの余白ができても、1枚にはひとつのテーマに絞ることが重要です。
③明確な表現
　強調したい言葉は、単語だけでなく、主語＋動詞でメッセージを明確に言い切ることが大切です。強調するところは色を変えるとか、チャートにして

視覚に訴えるとか、背景の色をつけて、意味のあるメッセージを浮き立たせるとかの工夫がほしいです。

　スライドは、通常1分から2分以内でめくっていきます。同じスライドにあまり長く滞在すると、聞き手が飽きてくるでしょう。

④チャートやグラフ、表などで視覚に訴える

　言葉で説明するより、グラフやチャートにした方が見やすいことは明らかです。ただし、グラフや表を作った場合は、それから何を読み取ってほしいのかをメッセージとして、言葉で表すことが大切です。

(3) 論理的な構成で

　ジャンプ率でも説明しましたが、プレゼンのツリー階層構造に合わせて概念レベルが整理されていることが大切です。時間的な流れは左から右に進むでしょう。大きな概念から小さなものへの移動は上から下へと降りるでしょう。メッセージの伝え方にも工夫をしましょう。

(4) 興味をそそる

　話し手が話している間、聞き手はスライドを見ていることが多いはずです。やはり興味を引くような絵（クリップアート）やイラスト、写真なども活用したいところです。

　興味をそそるためには、問いかける表現や考えさせる言葉などを盛り込むことも有効です。また、聞き手の言葉を使うことも重要です。聞き手の会社では、「経費削減」という方針を「ローコスト経営」と呼んでいるなら、スライドでも、話にもその言葉を使わなければなりません。

(5) 効果的な色使い

　色の使い方にも工夫は必要です。

　大人数の聴衆を相手に、部屋を暗くして行うプレゼンテーションなら、濃

紺のバックにして、白や薄黄色の文字を浮き立たせる白抜き効果が生きるでしょう。しかし、少人数を相手に明るい部屋で行うプレゼンなら、白地を背景に黒や紺の文字を使う(墨乗せ)方がすっきりして見えることでしょう。

あまり色数は多く使わないこと。できるだけ明るい色を活用することも大切です。

お客様へのプレゼンなら、お客様のホームページを参考にしたり、その会社のコーポレートカラーを事前に知って、その色合いに合わせるのも有効です。

以上の5点を意識して、スライド作成に取り組んでください。

ある概念をチャート化するときの手順は、下図の通りです。

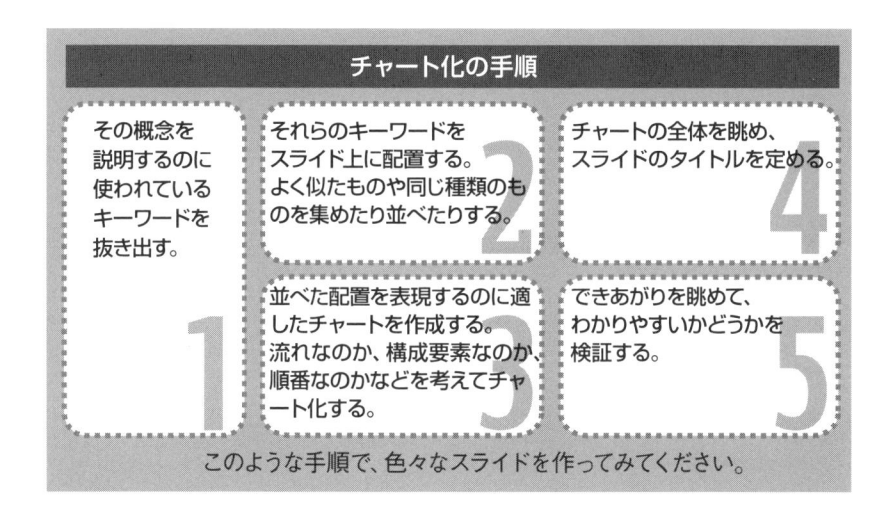

```
┌──────────────────────────────────────────────┐
│              チャート化の手順                │
│                                              │
│  その概念を     それらのキーワードを    チャートの全体を眺め、│
│  説明するのに   スライド上に配置する。  スライドのタイトルを定める。│
│  使われている   よく似たものや同じ種類のも                │
│  キーワードを   のを集めたり並べたりする。                │
│  抜き出す。                                              │
│                          2                      4       │
│      1                                                   │
│                 並べた配置を表現するのに適    できあがりを眺めて、│
│                 したチャートを作成する。      わかりやすいかどうかを│
│                 流れなのか、構成要素なのか、  検証する。          │
│                 順番なのかなどを考えてチャ                        │
│                 ート化する。                                      │
│                          3                      5       │
│                                                                   │
│    このような手順で、色々なスライドを作ってみてください。         │
└──────────────────────────────────────────────┘
```

③ ビジュアルの使い方

できあがったスライドを提示するときの注意点を、3つだけお話ししておきましょう。

(1) 言行不一致

　スライドのページを送るときに、しゃべりながらPCやマウスの操作をしないことです。動作をするときは黙って操作をする。話すときは聞き手をしっかり見て話す、と、分けて行動してください。
　そうするために、次の4つの手順を覚えておきましょう。

①予告する
　これから何に関するスライドを提示するのかタイトルを予告するわけです。そうすると、聞き手は期待を持って待ってくれます。予告なしに次のテーマに移ろうとするから、操作をしながら話さなければならなくなるのです。

②スライドを変える
　聞き手が、期待を持って待ってくれている間に、ゆっくりと黙って操作して、次のスライドに移ります。あせって操作を間違わないことが、上がってしまうことを防ぎます。
　最近は、手元でページをめくることができるリモートコントロール式のマウスやページフリッパー(ページめくり機)がありますので、活用してください。

③自分の視線を聞き手に向ける
　正しいスライドが提示されたことを確認したら、話し始める前に、聞き手全体を見渡して、みんながスライドを見ているか確認します。その上で、しっかり聞き手の目を見て話し始めましょう。

④スライドの説明に入る
　スライドの説明をするときは、話し手としては、できる限りスライドを見ないで、聞き手と対話するように説明してください。

(2) 間を取る

　聞き手がスライドを見て理解をしようとしているときは、少し間を取ってください。次から次へと説明を進めないことです。聞き手がどこを見ているかをよく見るのが話し手の役目です。聞き手の注目しているところ以外のと

ころを説明しても、聞き手の耳には入らないのです。

　また、スライドを見る時間をしっかり与えることが大切です。したがって、リハーサルでしゃべる時間より実際のプレゼンでは、通常20％程度多くの時間がかかります。

　スライドに情報を詰め込みすぎないことも大切ですし、与えられた時間をオーバーしそうな内容を用意しないで、聞き手のニーズに合わせて内容を絞り込むことも重要です。

(3) 背中を見せない

　話しているときは、決して聞き手に背中を見せないこと、すなわち後ろ向きになって、スライドに向かってしゃべらないことを心がけてください。

　スライドを見るのは聞き手です。話し手の役目は、スライドを見ている聞き手を見ることです。さもないと、聞き手が理解しているのか、いぶかしく思っているのか、表情も読み取れません。

　スライドに書きすぎなければ、いちいちスライドを見なくても、手だけで該当の場所を示すことができます。スライド全体を、上中下の3段に分け、手前・中央・奥の3列に分けてレイアウトしておくと、手で指し示すだけで、どの部分のことを指しているのかを示すことができます。

スライドを上中下の三段、手前・中央・奥の3列にレイアウト

4 様々なビジュアル提示の活用

　パワーポイントのスライドの作成と使用を中心にお話ししてきましたが、ビジュアルエイズには他にも様々なものがあります。

・**OHC**（Over Head Camera）
　　ビデオカメラで書画を写し、プロジェクターに映し出すもの。
・**OHP**（Over Head Projector）
　　透明の用紙に専用ペンで書き、またはコピーやプリントアウトし、専用のOHP機器で照射するもの。徐々に市場からなくなりつつある。
・フリップチャート
　　模造紙のような大きな用紙にマジックなどで記入し、専用のスタンドに載せて提示する。専用スタンドがなければ、ホワイトボードなどに貼る。
・**DVD**やビデオ
　　PCで動画を提示する場合もあるが、ビデオやDVDなどの機器を使って動画を提示することもある。
・写真
　　写真をCDから提示したり、PCに取り込んで提示したり、写真のままOHCで提示したりすることもある。
・現物
　　会場に持ち込めるものであれば、現物を見せることが効果的である場合も多い。

　「見たものは覚えている」という孔子の言葉を思い出しましょう。言葉は理解を促進しますが、記憶に残るのは目にしたものだけです。できるだけ、視覚に訴えるプレゼンを心がけたいものです。

その他、様々なもの、自分の衣服や姿もビジュアルエイズではあります。聞き手は、話し手を見ているということを意識して、話し手は自分自身の姿を含め、聞き手に見えているものが、自分のプレゼンの内容を支援するものかどうかを考えておく必要があるでしょう。

衣服でいえば、はじめて訪問する会社で、正式なプレゼンテーションをするときには、やや保守的なコスチュームが無難です。プレゼンテーションに適した姿の一例として、濃紺のスーツに白いシャツ、赤系統のネクタイが推薦されています（女性はネクタイはないが、装飾品は控えめにする）。

衣服や装飾が派手すぎると、せっかく印象に残したいスライドの図や内容より、発表者の姿に気が取られてしまいかねません。知的できりっとしているが、控えめな服装が基本です。

また、実際に目にするビジュアルエイズを使わなくても、**言葉の表現をビジュアル化して話すことは記憶に残すのに役立ちます。**

例えば、「大変広い敷地を取得しました」と言うだけでは記憶に残りにくいですが、「東京ドーム３個分にあたる大変広い敷地を取得しました」と言えば、「ああそうなんだ」とイメージで記憶することを助けます。

効果的なビジュアルエイズ（視覚補助）の活用を考えてください。

まとめの演習

『概念の視覚化』

　次の文章を表すのに適したチャートを作ってみましょう。チャート作成の5つの手順に従って作成してください。
①その概念を説明するのに使われているキーワードを抜き出す。
②それらのキーワードをスライド上に配置する。
③並べた配置を表現するのに適したチャートを作成する。
④チャートの全体を眺め、スライドのタイトルを定める。
⑤できあがりを眺めて、わかりやすいかどうかを検証する。

　ある「意味」を、送り手が相手に伝えようとするとき、送り手は言葉以外にもジェスチャー、声の調子、顔の表情など様々な方法を使ってその意味を発信します。発信された情報は、シンボルとなり、送り手のメッセージを受け手に運びます。受け手は、やはりジェスチャーや顔の表情など様々な手がかりをもとに情報の意味を解釈します。発信された情報と解釈された情報が同一であれば、伝わる意味も同一なのですが、姿勢や表情だけでなく、発想の仕方や価値観の異なる送り手と受け手ですから、意味に食い違いが出ることはやむを得ないのです。コミュニケーションでは、そうした意味の相違が起こるものなのです。

第16章 デリバリー(話し方)のポイント

1 声の活用（Voice）

　さて、プレゼンの内容もビジュアルも完成したら、発表を待つばかりです。そこで最後に、デリバリー（話し方スキル）についてまとめておきましょう。

　最初は声の活用法です。声の出し方や話し方について、8つのポイントを説明します。最初に表現関係です。

(1) 適切な言葉遣い

　聞き手のレベルに合わせて、専門用語を使う度合いを調節します。英語・カタカナ表現に対するアレルギーはないか、言葉のくだけ具合はどの程度がよいかなどを決めます。もちろん、用語の使い方は、お客様（聞き手）が使っている表現に合わせることが重要です。

　人は大抵、話し方のくせを持っています。自分のプレゼンをビデオで見るなどして、くせ言葉を避けることが大切です。くせ言葉が多いと、聞き手がそれに気を取られて、内容に集中できなくなります。

　よくあるくせ言葉：まぁ、ええと、あの、ですね、一応、かなり、やっぱり、絶対、ホントに、ちなみに、結局限定的な表現を避けることも心がけた方がよいでしょう。「絶対、必ず、一番、～しか考えられない」などの表現は、話し手の視野が狭く感じられます。

(2) 簡潔明瞭

　「箇条書トーク」と言いますが、一文があまり長くならないように話しましょう。接続詞が多かったり、複文構造になっていたりすると聞き手の理解を妨げることになりかねません。単文で話す、すなわち「、」を少なく「。」を多くするようにして、文をつなぎましょう。

　また、できるだけ結論から話し、1つの論点が終わったらポイントをまと

めるなどの配慮も必要です。

(3) 話の流れのスムーズさ

　プレゼン構成を明確にして、ポイントからポイントへの論理的つながりがわかるように心がけましょう。Whole-Part-Whole で話すことです。
　また、ポイントを移るときには「つなぎの言葉」で、聞き手が了解しているかを確認する質問をしましょう。フィードバックを求めるのでしたね。「では、次に移ってもよろしいでしょうか」など。

(4) 聞き手の興味を維持

　興味を維持するために、できるだけ双方向的になるような話し方を心がけましょう。すなわち、質問を多く使うのです。「世間では今、○○が流行っています」と言う代わりに「世間で今流行っているものは何だと思いますか。実は○○が大流行です」というような進め方が、興味を維持するのに効果的です。
　できるだけ、聞き手の関心のあることに絡めて話を進めることや、聞き手がよく使う言葉を使うことも効果があります。話し方にメリハリをつけたり、ビジュアルを活用したり、しっかり聞き手の目を見て話しかけたりすることも大切でしょう。

(5) ポジティブなイメージ

　短いプレゼンの時間ですから、できるだけ否定的な表現を避け、全体の雰囲気を下げないように心がけましょう。3つの方法を示します。

①否定＋肯定トーク

　否定的なことを言わなければならないときは、否定的な言葉の後に肯定的な表現を付け加えます。
　　「この商品の価格はたしかに高すぎると思います」

→「この商品の価格は安くはないかもしれませんが、使い勝手は抜群です」

②マイナス面がある場合は、プラス面を話す

「○○についての情報はありません」

→「△△についての情報なら手元にありますが……」

③否定文で終わらなければならないときは、否定肯定文にする

「その件はわかりません」

→「その件は、わかりかねます」

次に、声の出し方に関してです。

(6) 声の調子

ハッキリと聞こえる声で話すのが大前提です。そのためには、腹式呼吸を練習しましょう。お腹の底（丹田と言われるところ）まで空気を入れる感覚で、お腹の底から声を出すようにしてください。深みのある声、メリハリのある話し方は、自信の表れととられます。

声の大きさは、普通に話しているときの1.5倍から2倍の大きさが必要です。イメージとしては、会場の一番後ろの人に話しかけているという感じです。スピードは、速すぎず、遅すぎず、です。重要な意味のある言葉はゆっくりと、意味が軽いものは早口でもよいでしょう。

(7) 聞き手の心に届く

声が大きいだけではいけません。聞いている人の心に響くように話すためには、視線を与えている人のハートに向かって、声を集めて飛ばすという感覚で話します。相手の役に立つと信じて話す。聞き手からも学ぶ姿勢で話しかける。感謝の気持ちで話す。感情を共有したいと思って話すなどの姿勢が必要です。

質問をたくさん使って、語りかけ、問いかけるような話し方が効果的です。

(8) 強調の仕方

大切な表現や箇所を強調したいときの方法としては3つあります。

①**大切だということを告げてから話す**

「これから特に重要なことを言いますよ」

「次の点が重要なのですが……」など。

②**質問で興味を引いてから話す**

「さて、ここで重要になるのは何でしょうか」など。

③**強調する話し方をする**

声の使い方としては、**大きく言う**、**長く言う**（ゆっくり話す）、**強調したい言葉の前で間を取る**（声を飲み込み声をためる感覚）の3点です。非言語を加えて、**一歩前に出て**、**手を差し伸べ**、**目を見開け**ば完璧です。

2 顔（Face）

あたりまえと言えばあたりまえですが、話し手は話している間、自分の顔は見えませんが、聞き手はその間ずっと話し手の顔を見ているのです。そうであるならば、聞き手が何十分も見ていて飽きないように、顔の表情をマネージすることは、話し手の責任と言ってもよいでしょう。ポイントは2つです。

(1) 視線（アイコンタクト）

"聴衆はカボチャと思え"とか、"手のひらに人という字を書いて飲み込め"などと言う人もいますが、私は、聴衆が何人であろうと、"一人ひとりに話しかけるように話す"ことを勧めています。

縦に長い部屋であれば、後ろから斜めに、順に前に移していきます。横に広い部屋であれば、左右に順に移します。

一人ひとりに話しかけるように話す

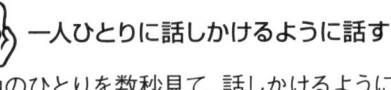

グループの中のひとりを数秒見て、話しかけるように話します。
また次のグループへと、視線を移していきます。
下図の例では、A→B→C, →D→E→Fの順になります。

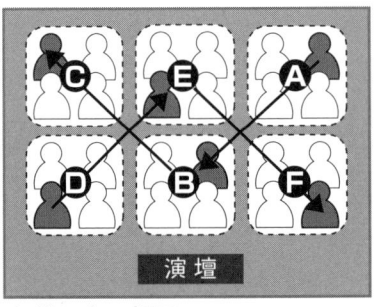

▶ **縦に長い部屋**
後ろから斜めに、順に前へ視線を移していきます。

▲ **横に広い部屋**
左右に、視線を順に移します。

POINT 各グループの誰かひとりを見る。

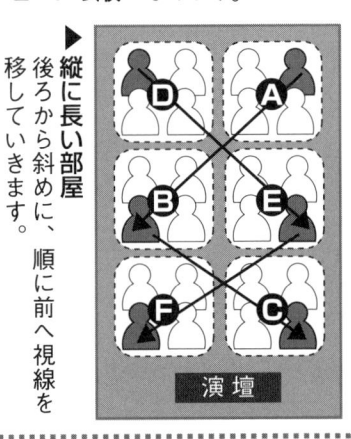

　語りかけるように一人ひとりを見て話しましょう。
　会場の中に、通常前から数列目の人たちですが、話し手の支援者のような人たちが見つかるものです。意識的に作るなら、プレゼンが始まる前に声をかけて、仲良くなっておくとよいでしょう。発表中、ニコニコと優しい視線を返してくれる人たちです。私は、このグループをホームベースと呼んでいます。言うことを忘れた場合も、天上や窓の外に視線を逃さず、ホームベースに目を戻し、目で対話すれば、「それはいいから、飛ばして次にいきましょう」とか、支援の視線を返してくれることでしょう。節目節目でホームベースに視線をやり、盛り上がりを作っていけば、会場全体も盛り上がります。

(2) 顔の表情

　話の内容に合わせて表情を変えることが基本です。できれば次の4種類の表情を使い分けられるとよいでしょう。

表情を使い分ける

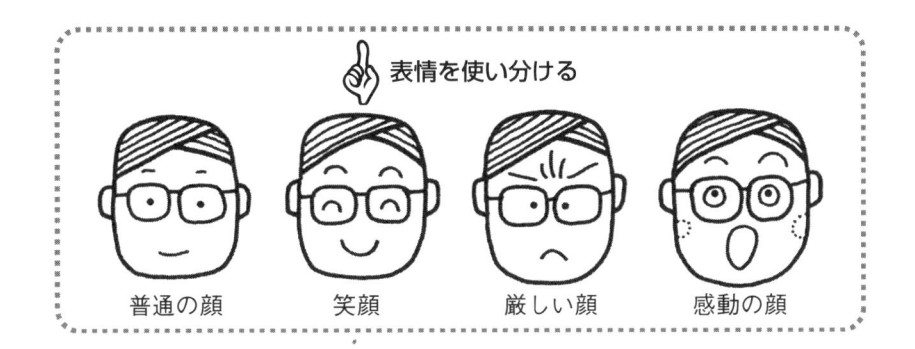

普通の顔　笑顔　厳しい顔　感動の顔

①普通顔

　演壇に上がる前も、話していないときも、話し手は主役です。見られていることを意識しましょう。口角を少し上げて、さわやかな顔でスタンバイです。

②笑　顔

　口角を上げ、目じりを下げてスマイル。プレゼン時間の大半を笑顔で過ごせればよいですね。

③厳しい顔

　厳しい内容を伝えることもあるでしょう。そんなときは、眉毛を額の中央に集め、額に3本しわを寄せます。口は左右に伸ばしましょう。

④感動の顔

　頭とあごをつかんで上下に伸ばす感覚です。目と口が開きます。強調する表現があるときなどに使うと有効です。

3　体（Body）

　体全体を使って自己表現することで、ダイナミックなプレゼンができます。ポイントは2つあります。

(1) ポスチャー（姿勢）

　自信のある姿勢を示すためには、両足に均等に体重をかけ、ややつま先に体重を乗せます。背中を伸ばし、胸を張り、前から強い風が吹いてきてもびくともしない姿勢がよいでしょう。会場から否定的な思いが返ってきても臆することなく、堂々と受け止めるのです。

　手は、決して後ろに組まないこと。前に組む場合でも、ベルトのバックルあたりで軽く組み、いつでもジェスチャーができる体勢にしておくことが必要です。できれば体の横に置くのがよいでしょう。

　一方の足に体重を乗せ休めの姿勢をしていると、リラックスというよりは、だらしない感じを与えます。話し手も力が入りません。体中から自信と明るい雰囲気がみなぎるような姿勢で話したいものです。

(2) ジェスチャー（身振り・手振り）

　手を体の横に置いていれば、いざというときにすぐジェスチャーができます。できるだけ手を使い、表現力豊かに話しましょう。

　ジェスチャーにも、物の形や数字を示すような具体的なものと、「ぜひとも……」「頑張って……」など、力の入るところで手を動かす抽象的なものがあります。

　数字を表すときは、指で示すのがよいのですが、日本は１～５を表すとき

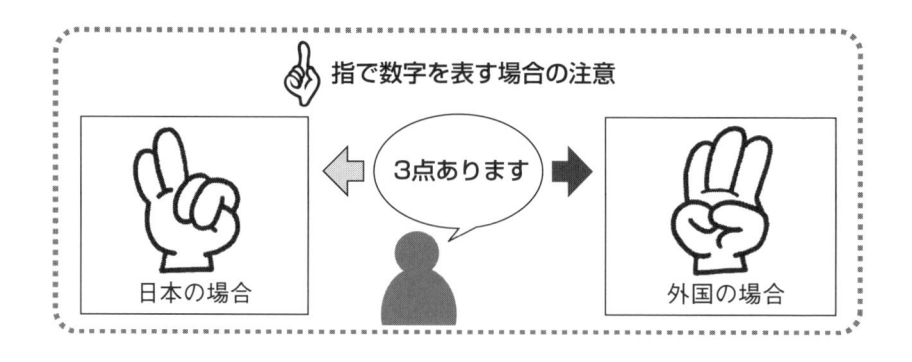

指で数字を表す場合の注意

3点あります

日本の場合　　　外国の場合

に指を中に折って示します。諸外国では、指を立てて、立っている方に意味を持たせますので注意しましょう。

4 上がらないためのコツ

よく、演壇に上がった瞬間に、何から始めてよいかわからなくなったとか、話している最中に頭の中が真っ白になって話す内容をすっかり忘れてしまった、というエピソードを聞きます。私たちは、なぜ忘れたり上がったりするのでしょうか。

ほとんどの場合、自意識過剰が原因です。"ちゃんとしよう""間違わないようにしよう""かっこよく見せなければ"などという思いで壇上に立つと、上がってしまう可能性が非常に高くなります。

それでは、上がらないコツは何でしょうか。ポイントは3つあります。

(1) 意　識

まず、プレゼンを自分のためにしようと思わないことです。あくまでも、**聞いてくださる聞き手のために**、100％エネルギーを使おうと思うことです。自らを無にするというか、聞き手に集中し、相手のことだけを考えましょう。自分が透明になっていけば、気にすべき自分もなくなっていきます。

たとえ上がったときも、それがいけないことだと思って自分を責めないようにしましょう。誰でも上がるのです。上がることはよいことかもしれません。意識が集中して、アドレナリンが出ているのでしょう。そのエネルギーを使って楽しくやってみようじゃないかと考え直しましょう。

(2) 準　備

上がってしまうときは、ほとんど自信のないときです。すなわち、準備が十分できていないため、"間違ったらどうしよう"と不安になるのです。し

たがって、準備は入念にしましょう。**準備段階では、"まだまだダメだ"** と考えて繰り返しリハーサルをすることです。そして**本番の演壇に上がったら、"もう大丈夫。十分準備したから、後はすべてを天に任せよう"** と考えることです。

　よくない話し手はこの逆をやってしまいます。準備中は、"まっ、こんなものでいいか" と準備をおろそかにし、壇上に上がって聴衆を見てから、"まだダメだ。もっとリハーサルをしっかりしておくべきだった" と考えてしまいます。こんなときは失敗を恐れ、自意識過剰で、頭の中が真っ白になり、失敗プレゼンをすることになります。

　入念な準備は、自分のためであり、結果的に聞き手のためでもあるのです。

(3) スキル

　最後にスキルを知っており実践できることです。プレゼンの構成はよいか、つかみは基本に忠実か、ビジュアルは見やすいか、声の出し方、立ち方は自信を表しているかなどのポイントを知っており、それらを実践できれば、たとえ話しているときに聞き手の1人が顔をそらしたとしても、"何か事情があるのだろう。私はベストの行動を実践しているから大丈夫" と安心感を持つことができます。

　もし、自分の言動が一般的によいものかどうかを知らなければ、聞き手が横を向いたのを見て、"話が伝わらなかったのか。私の行動に何かよくないことがあったのだろうか" などと不安がよぎります。そして、上がってしまうのです。

　プレゼンのスキルを知っていて実践できるということは、実際の壇上で上がらない保険のようなものです。

　さあ、これでみなさんも自信を持って、喜びでプレゼンテーションに臨むことができるでしょう。

まとめの演習

『強調した話し方』

次の文章の中の、太字の部分を強調し、「感動」の表情を作って、鏡の前で何度か言ってみましょう。

[声の使い方]
・大きく言う・長く言う（ゆっくり話す）・強調したい言葉の前で間を取る

[非言語]
・一歩前に出る・一方の手を差し伸べる・目を見開く（感動の表情）

協力者がいる場合は、これらの文章を相手に見せず、強調すべきところを強調して話してみてください。相手が、どの部分が強調されていたか、すぐにわかれば成功です。

(1) 企業は人なり。企業活動を通して一人ひとりの人格を磨き、**人格者を育成していくこと**が目的です。
(2) リーダーにとって大切なことは、常に**相手の立場**に立ち創意工夫をし、**自らが前進する**姿勢を持ち続けることです。
(3) きっと成功すると**心の底から信じれば**、それは実現するものです。成功しないのは、自らが否定的言い訳を考えて成功を抑制しているからです。
(4) 情報とは**与えれば与える程**、与えた人の所に入ってくるものです。丁度、「愛」がそうであるように。

第17章 価値を生み出すプレゼンテーション

1 ラポールとは

　ラポールという言葉があります。日本語に訳しにくいのですが、波長が合うとか、共感できるとか、心が通じるというような状態のことです。

　プレゼンテーションで、話し手と聞き手が本当にラポールができたと感じられるときとは、どんなときでしょうか。また、どうすれば、そのようなラポールを創れるのでしょうか。

　ここまで、成功するプレゼンの手法を学んできて気がついたかと思いますが、プレゼンとは「話し手が話したいことを話すのではない」、「聞き手が聞きたいことを話すのだ」ということがわかりました。また、プレゼンは、「自分のためにするのではない」、「**自分を透明にして、無我となり、100％聞き手のためにするのだ**」ということもわかりました。

　ラポールは、そのようにプレゼンの本来のあり方が実現したときに、必然的に創られるのです。

　プレゼンが始まるときから終わるまで、ラポール創造の過程を中心に、何をなすべきかを見ていきましょう。

1. ラポールを創る態度

1. 聞き手の前に立ったら、まず、自分から心を開き、全体を見ましょう。聴衆を愛し、そこにひとりでも聴衆がいることに感謝しましょう。
2. もし、聞き手が好意的でないと感じたなら、それは自分自身が聞き手に対して好意的に感じていないことを示しています。あなたが自己防衛的になっている、その態度が聞き手を自己防衛的にしているのです。まず、自分のことでなく、聞き手のことを考えましょう。
3. 人は話が理解できたら、「わかった、わかった、それで、それから……」と聞く姿勢を示すでしょう。しかし、それは「同意」とは別のことだと心

得てください。同意を促すためには、喜びや悲しみ、苦しさといった「感情」を共有することが欠かせません。聞き手の理解を得ることだけを目的とせず、**気持ちを通わせる**ことを目指してください。

4. 気持ちが通うためには、聞き手とあなたがともに安心して共有できる話題や話し方を優先しなければなりません。準備していた内容や話し方が、聞き手の共感を得られないようなら、思い切って変えることも必要です。現場では準備した通りに実施することよりも**実際に起こってきた流れに従う**方が重要なのです。

5. 聞き手が、あなたの言っていることを理解し、同意するためには、あなたが**リラックスして楽しんで話しているか**どうかにかかっています。人は話し手の理論や言葉ではなく、90％以上話し手の態度や行動によってその主張を信じるものなのです。

6. ラポールとはあなた自身が自分の言っていることを信じ、聞き手のためになると信じ、リラックスして楽しく話をすることによって創られるのです。

☞ 成功するプレゼンテーションは自他一体の境地

自他一体の境地とでも言いましょうか。聞き手と話し手が一体となって、今取り上げている内容を真剣に考え、信じ、今ここにいることがよかったと、喜び合うような瞬間が、真にラポールができた瞬間ではないでしょうか。プレゼンテーションを行うことで、聞き手が成功し、聞き手の成功が話し手の成功につながるような関係ができれば、それが真の「成功するプレゼンテーション」だと思います。

❷ 自信を持ってさあプレゼン！

　ビジネスとは、自社の製品を売り込み利益を上げることが究極の目的ではありません。あくまでも相手の会社や消費者に利益やベネフィットが生まれ、相手を物心ともに豊かにすることを心から願うことから始まります。相手の繁栄・発展が実現してこそ、自社の利益が生まれると考えるべきではないでしょうか。

　社内の人間関係も同じことではないかと思います。前工程・後工程、関係部門などを社内顧客と呼ぶこともありますが、自分以外の人々のために何ができるかを一番に考えたときに、相手もあなたのことを考えてくれて、よい人間関係が生まれるのです。

　そのような**自利即利他**のビジネス的成功と同じメカニズムがプレゼンにも働いています。聞き手のためになる内容を感謝の気持ちで表現させていただくことが、プレゼンテーションという活動の意味だと思うのです。

　最後に、成功するプレゼンテーションの重要要件を次頁の図にまとめておきましょう。

第17章 価値を生み出すプレゼンテーション　263

成功するプレゼンテーションのポイント

1. 演壇に向かう前に「これはチャンスだ」と思うこと。

2. 演壇に上がる前に大きく深呼吸をして、「私はリラックスしている、聞き手が微笑む顔が目に浮かぶ」とイメージすること。

3. 謝りゃいいわけでなく、感謝の言葉で話を始める。

4. 話の流れは、つかみ、本論、落としの三部構成を意識する。

5. お腹から声を出し、力強く、感情を込めて話す。

6. からだ全体を活かして表現力豊かに話す。

7. ポジティブな話し方・表現を心がける。

8. イメージがわくよう視覚に訴えるように話す。

9. 常に聞き手の聞きたいことは何かに関心を置く。

10. 感謝の気持ちを持ち続ける。

成功をお祈りしています。

まとめの演習

『将来への希望』

　Part Ⅲを学んで、今後、成功するプレゼンテーションを実践できる人となるために、どのような知識、技術（スキル）、態度を育てていきたいですか。あなたが、今後1年間程度継続していきたい目標を作って、それぞれの円の中に書いてください。

―――― 成功するプレゼンテーション実践者になるために ――――

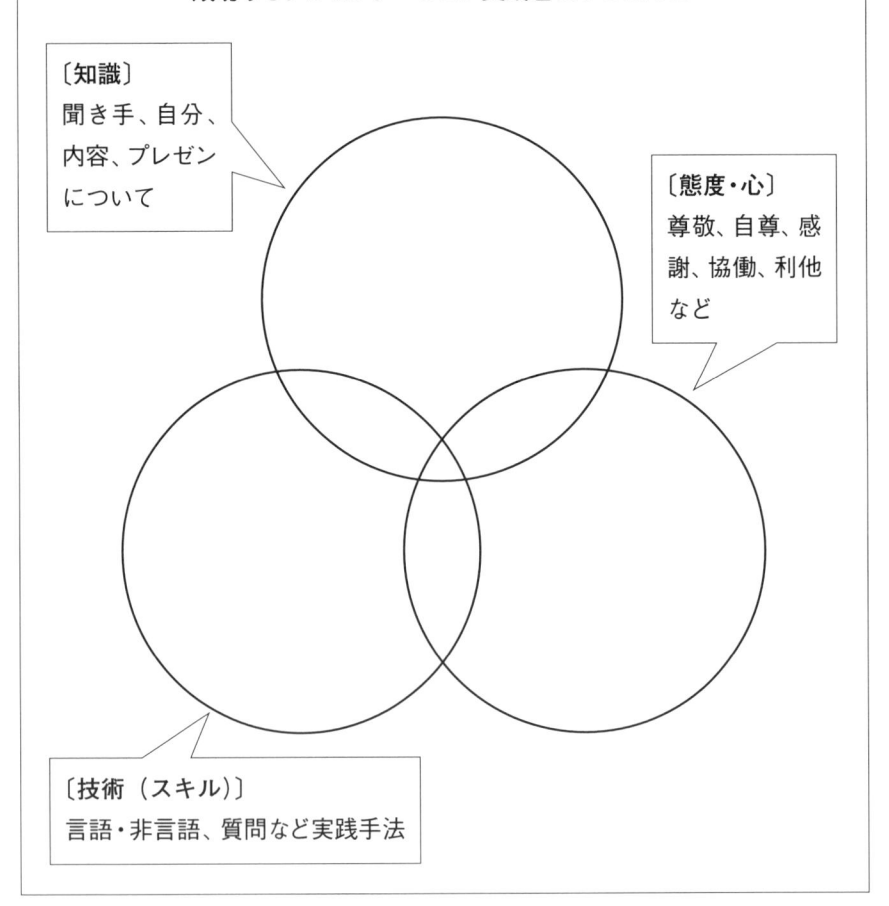

〔知識〕
聞き手、自分、内容、プレゼンについて

〔態度・心〕
尊敬、自尊、感謝、協働、利他など

〔技術（スキル）〕
言語・非言語、質問など実践手法

あとがき

　縁あって過日、中国のある職業訓練カレッジのようなところから講演会の依頼を受けました。今回、私を招聘してくれたところは、天津市工業工委党校・天津市経理学院と併設されている天津企業管理研修中心（センター）というところで、3年制の短大と大学の中間のようなところです。1986年に日本のJICAが支援して今のセンターができたとのことです。センターができて2年ほどは日本人の指導者も頻繁に来ていたようですが、今は日本人指導者は誰ひとりいません。

　講演会の当日、朝10時から、5階の来賓会議室で陳校長、王副校長、張副校長（女性）らと正式な顔合わせをしました。久々の日本人講演者ということで来賓扱いです。1時間ほど友好を深めるあいさつとお土産の交換をし、午後の講演会を待ちます。会場の階段教室には、日本の企業と取引関係がある中国企業の幹部や社員、日系企業に勤める社員、それと少しの学生たちが集まっていました。聴衆は80〜100人と聞いていたのですが、2時の開始時間直前には200人近くになっていました。最終的には220人を超えていたということです。

　緊張の中、はじめに王副校長が司会をして、私と通訳者の顧先生が紹介されセミナーに入ります。5時まで3時間、「問題解決、仕事の進め方、コミュニケーションの取り方、ビジネスと人生に成功する考え方」などを、中国人の聴衆に向かってお伝えしました。

　通訳者を通してのプレゼンテーションですから、私が熱弁をふるっても通訳者が通訳するまでは理解できないはずです。ところが、事例などを、気持

ちを込めて紹介すると大受けし、途中で拍手をいただいたりするのです。言語が異なるのに、一体何が通じるのでしょうか。二百数十名の中国人と一人ひとり目を合わせ、うなずき合い、笑い合い、あっという間の3時間でした。ある日系百貨店に勤める中国人社員7名ほどは寄せ書きで感謝を表明してくれました。他にも天津市の人事局の役人さんや天津の大手企業の総経理（社長）も、また機会を設けたいと言ってくれました。

　中国でのプレゼンテーション成功の例を、少し詳しく述べましたが、言いたかったことは「成功するプレゼンテーション」の鍵は、言葉だけではない、いや"言葉ではない"ということです。

　本書において、構成法や表現法などをお伝えしておきながら、"言葉ではない"と言ってしまうと詐欺のようですが、いくら言葉巧みにプレゼンテーションを整えて、きれいなスライドを作っても、魂が入っていなければ伝わらない。魂＝まごころを込めて、言葉に愛のエネルギーを吹き込んでこそ、メッセージが相手の心に届くのです。日本語の通じない聴衆に対して、それを実践してみてはじめて、その真実を実感しました。

　人は肉体や言動だけで存在するのではありません。心として存在しているのです。日常のコミュニケーションも、ビジネスコミュニケーションも、会議の場でも、プレゼンテーションの場面でも、そのことを忘れてはなりません。言葉を繕ったところで心を飾ることはできないのです。よいコミュニケーションをしようと思ったら、何よりもまず心を磨くことです。人を愛し、人を生かし、人を許す寛容さと、相手にとって善いことをお伝えしたいという情熱で、勇気を持って交流すれば、きっと道は開けるでしょう。

　本書にて、様々な手法をご紹介し練習してきましたが、それは、心があっても技術が稚拙であれば、せっかくの善いことも善いと理解してもらえないリスクがあるからです。本当に成功するコミュニケーションは、心と技の融

合です。技術をしっかり学ばれた読者の皆さんに、心の重要性を再確認して、あとがきとさせていただきます。

　読者の皆さんの、これからのビジネスコミュニケーションが、温かく成功に満ちあふれたものになりますようにお祈りいたします。

感謝

2009年3月吉日

参 考 書 籍

『プロフェッショナルの条件』P.F.ドラッカー著／上田惇生編訳、ダイヤモンド社(2000年)

『明日を支配するもの』P.F.ドラッカー著／上田惇生訳、ダイヤモンド社(1999年)

『7つの習慣』スティーブン R.コヴィー著／ジェームス・スキナー、川西茂訳、キング・ベアー出版(1996年)

『意志のはたらき』R.アサジョーリ著／国谷誠朗、平松園枝共訳、誠信書房(1995年)

『コミュニケーション学』末田清子、福田浩子著、松柏社(2003年)

『会議が絶対うまくいく法』マイケル・ドイル、デイヴィッド・ストラウス著／斎藤聖美訳、日本経済新聞社(2003年)

『会議の開き方、すすめ方、まとめ方』中産連：安達勉、澤田直孝、福山穣著、実務教育出版(1997年)

『ジョイ・ラック・クラブ』エィミ・タン著／小沢瑞穂訳、角川書店(1990年)

『(新・)誤解と理解』西山千著、サイマル出版会(1991年)

『バリデーション―認知症の人との超コミュニケーション法』ナオミ・フェイル著／篠崎人理、高橋誠一訳、藤沢嘉勝監訳、筒井書房(2001年)

『仕事力を今すぐ2倍に高める技術』荒巻基文著、幸福の科学出版(2008年)

『「教え方」教えます』荒巻基文著、産業能率大学出版部(2008年)

索　引

【あ行】

あいさつ　217
あいづち　28、29
相手との接触によるメッセージ　32
相手に理解される　72
相手を理解する　72
アウトライン構成　216
上がらないためのコツ　255
アクションプランの作成法　143
アクティブ・リスニング　24、26
アグレッシブ　58
アサーティブ　59
アサーティブ・コミュニケーション　59
アサーティブネス　58
アサジョーリ　91
アテンション・ゲッター　218
あなたのよい話のガイドライン　203
あらゆるものに感謝　98
意識　255
『意志のはたらき』　91
意志の発揮　99
意志の3つの側面　93
委託法　231
1時に1つ　239
1対1のコミュニケーション　184
1対多のコミュニケーション　184
一般化　15
異文化間意思決定の戦術　80
異文化間意思決定の戦略　80
異文化間意思決定の方針　80
異文化間コミュニケーション　78
異文化間ミーティングでのチェックリスト　81
イメージの力　97
嫌な気持ちにさせる話　187
Win-Winの関係を構築するステップ　71
Win-Winの解決策を探り、合意点を共有する　73
Win-Winの関係　70
Win-Winを構築するための基本的な流れ　71
ウォンツ　177
うなずき　33
エィミ・タン　24
笑顔　253
N-P-B-Fのモデル　192
延期法　232
エンディミオン効果　75
OHC　244
OHP　244
オープン・クエスチョン　52、54、163
落とし　223
思い込み　14
想いの力　95

【か行】

会議開催案内の準備　125
会議開催案内の作り方　124
会議参加者の基本スキル　150
会議参加者の心がまえ　148
会議準備のチェックポイント　127
会議進行の準備　127
会議当日の準備　120
会議に臨む心がまえ　111
会議の3つの目的　105
会議の議題をチェック　123
会議の3悪　108
会議の参加者をチェック　128
会議の準備項目　132
会議の進め方をチェック　129
会議の長さ　125

会議の場所をチェック　128
会議の評価の仕方　176
会議の目的設定　120
会議の目的をチェック　121
外見的なメッセージ　31
開催案内の発行時期　125
会場の確認　120
回答する　230
解読された意味　7
概念の視覚化　246
回避ステージ　78
顔（Face）　251
顔の表情　252
顔の表情、位置　33
確認　28、29
箇条書トーク　248
体（Body）　253
簡潔明瞭　248
感謝　217
感謝の言葉　224
感情　35
感動の顔　253
願望　35
キーパーソンとの確認　120
聞き手の聞きたいことが話すこと　194
聞き手の興味を維持　249
聞き手の心に届く　250
聞き手のニーズ分析　195
記号化された意味　7
議事進行　113、117
議事進行スケジュール表　131
議事進行手順の確認　120
議事進行の工夫　138
議事録の作成　154
議題　113、117
議題選び　123
議題の作り方　122

期待と要求　37
KIS（キッス）の原則　238
厳しい顔　253
キャッチボール　19
休憩の取り方　141
共感　28、29、42、46
共感的聴き方　46
共感的コミュニケーション　46
共感的対応　55
共感的理解　46
共感のステップ　47
強調した話し方　257
協調的姿勢　84
強調の仕方　251
協働型対応　85
協働的討議のステップ　165
極小化ステージ　79
議論の手法　167
空間のメッセージ　32
クローズド・クエスチョン　54、163
迎合型対応　85
傾聴のための手順　39
結婚式のスピーチ　234
結論・まとめステージ　137、140
言行不一致　242
言語は文化そのもの　25
建設的自己主張　59
建設的自己主張のステップ　61、166
言動　35
現物　244
効果的でない会議を作る要素　109
効果的でない聴き方・話し方『ワースト10』　43
効果的な色使い　240
効果的な会議　114
効果的な会議運営　106
効果的な会議の定義　111
効果的な会議の特徴　111

効果的な会議の４つの要素　112、113
効果的なビジュアルエイズ（視覚補助）の活用　245
攻撃的自己主張　58
孔子　236
効率的に伝える　105
声の調子　250
誤解　7、9
誤解のメカニズム　8
心から感謝　21
心の階層構造　36
心の中の階層　34
答えに対する満足度チェック　233
固定観念　13、14
言葉の力　97
言葉の表現　239
コビィー博士　41
困った参加者への対応　172、174
コミュニケーション　4、5、16、21、26
コミュニケーションの解釈ルール　25
コミュニケーションのメカニズム　6
コンセンサス（合意）形成　105
コンテクスト　16
コンテクスト理論　15
コンテクストを増やしていく過程　18
コンフリクト　83
コンフリクトに対応する３つのスキル　86
コンフリクトの種類　83
コンフリクトへの対応　87

【さ行】

サクセス・マインド　98
サブポイント（理由・利点）　212
参加　113、118
参加者としてのスキル　156
参加者としての反省点　176
参加準備のポイント　149

参加メンバーの集め方　118
3K（感謝/確認/共感）で受ける　229
３部構成の練習　214
ジェスチャー（身振り・手振り）　33、254
司会者が観察すべきこと　142
司会者としての反省点　175
司会者の３つのステージ　136
司会者の役割　146
視覚補助（ビジュアルエイズ）　236
時間のメッセージ　32
思考　35
事実質問　51
事実と解釈　19
姿勢　33
視線（アイコンタクト）　33、164、251
事前調査　119
事前調整　119
自尊心の維持・拡大　74
自尊心を傷つける言い方　74
自尊心を高める　74
自尊心を高める言い方　75
自尊心を高める表現　76
自他一体の境地　262
質疑応答の仕方　227
質疑応答の準備　192
質疑応答の手順　228
質問　28、29、158
質問の種類　162
質問のタイプ　52
質問の４つの種類　50
質問への対応ステップ　164
氏名　217
写真　244
主催側の担当者の確認　120
主張　67、212
主張・理由・具体例の３階層　208
主張的姿勢　84

主張と理由、説得データの3点セット　211
主張の3要素　209
主張のロジックツリー　160、171
準言語　30
準言語スキル　30
準備　255
準備のポイント　153
『ジョイ・ラック・クラブ』　24
証拠のない主張　67
証明　67
証明の3要素　67、68
将来への希望　180、264
序論の意味　216
序論の4ポイント　217
身体動作によるメッセージ　32
真のコミュニケーション　41
新論点　159
スキル　256
ステレオタイプ　13
スライド　236
成功するプレゼンテーションのポイント　263
正攻法　231
積極的傾聴　24
積極的傾聴スキル　150
説得手法　171
説得データ　171、210、212
背中を見せない　243
セルフ　92
セルフ・モニタリング・スキル　153
潜在ニーズ　35
先入観　14
戦略的投資　177
総合的に考える　177
相乗効果を上げる　105
想定質問　221

【た行】

タイトルと本文のジャンプ率　239
対立型対応　85
対立への対応スキル　152
妥協型対応　85
たくみな意志　93
正しいコンフリクトを生み出す3つのルール　83
探求質問　51
単純化された見方　15
チャート化の手順　241
チャートやグラフ、表などで視覚に訴える　240
聴衆全員に質問を言いかえる　229
聴衆ニーズ分析　202
聴衆分析　190、195、200
追加　158
つかみの準備シート　220
つなぎの言葉　221
強い意志　93
ツリー化　208
提案　158
DVD　244
定性的データ　210
ディベート　169
定量的データ　210
データ・証拠　67
テーマ　218、223
適応ステージ　79
適切な言葉遣い　248
デリバリー（話し方スキル）　248
討議ステージ　137、139
討議の技法　129
討議のフロー　158
討議のプロセス　158
統合ステージ　79
導入ステージ　136、138

逃避型対応　85
ドッジボール　19
ドラッカー　4、69

【な行】

内容　190
内容の構成　192
『7つの習慣』　41
ニーズ　193
ニーズの再確認　223
ニーズの設定　218
ニーズ要因　177
においのメッセージ　32
人間としての真のコミュニケーション　90
人間の心が望む共通のもの　94
根回し　119
ノン・アサーティブ　59

【は行】

ハイコンテクストの関係　17
配布物の準備　120
HOWツリー（細分化）　209
話し方・聴き方の注意点　160
話し方スキル　248
話し方の準備　192
話の流れのスムーズさ　249
パワーポイント　236
パワーポイントでスライドを作成するときのコツ　238
板書の仕方　141
判断・評価の質問　51
反論　159
反論スキル　151
非言語スキル　30、31
非言語要素の役割　29
非言語要素の5つのスキル　33
ビジュアライゼーション　224

ビジュアルエイズ　236、244
ビジュアルの準備　192
ビジュアルの使い方　241
ビジュアルの作り方　238
非主張的自己主張　59
否定法　232
ビデオ　244
ファシリテーター　134、176
ファシリテーターの仕事　135
ファシリテーターの3原則　136
WHATツリー（具体化）　209
フィードバック　193
ブーメラン法　231
Whole-Pant-Whole　225、226
2つの理解　9、22
普通顔　253
プラス・マイナス法　169
ブリッジをかける　225
フリップチャート　244
ブレーンストーミング　168
ブレーンストーミングの4つのルール　168
プレゼン構成　192
プレゼンテーション　194
プレゼンテーションが成立する瞬間　184
プレゼンテーションの準備　190
プレゼンテーションの全体像　190、191、212
プレゼンにおけるビジュアルに対するクレーム　236
『プロフェッショナルの条件』　4、69
プロポーザル　193
雰囲気作り　217
ベネフィット　193
偏見　14
方向付けの質問　51
ポジティブなイメージ　249
ポスチャー（姿勢）　254
ボディ（本論）　212

WHY ツリー（階層化） *208*
本来の人間としての性質 *38*

【ま行】

まとめ *223*
間を取る *242*
見えない文化 *11*
見える文化 *11*
ムダな会議 *110*
ムラのある会議 *110*
ムリな会議 *110*
明確な表現 *239*
メインポイント（主張） *212*
メインポイントの３部構成 *206、213*
メインポイントの要約 *223*
目的 *113、116、224*
目的の確認 *219、224*
文字の大きさ *238*
文字の種類 *239*

【や行】

善い意志 *93*
よい気持ちにさせる話 *188*
よい話のガイドライン *189、190*
よい話の要素 *187*
要約 *28、29*
よくない聞き方 *163*
よくない質問の仕方 *161*
よくない話し方 *160*
よくないまとめ方 *165*
予告 *219*

【ら行】

ラポール *260*
ラポールを創る態度 *260*
リーディング *47、50*
リーディング・スキル *50*
リードする手法 *47*
理解 *9*
理想の会議 *179*
利他の思い *96*
立論 *64、65*
立論の７つのステップ *64、66*
類型化した見方 *14*
レイアウト *239*
例外条項 *68*
例話法 *232*
ローコンテクストの関係 *17*
論拠・根拠 *67、68*

【わ行】

悪いコミュニケーション *21*

著者紹介

荒巻基文（あらまき　もとふみ）

1949年京都生まれ。京都教育大学卒業。ソニー企業を経て、96年に独立。アイビジョン（株）代表取締役。産業能率大学総合研究所兼任講師、大学院MBA兼任講師。経営コンサルタント。国際ビジネススキル、キャリア開発、異文化コミュニケーションなどの企業研修では、イオン、伊勢丹、エスエス製薬、NTTデータ、KOA、コンチネンタル、キリンビバレッジ、グリコ乳業、京王百貨店、シェラトン・ホテル、信越化学、ソニー、大同特殊鋼、デンソー、東芝、日産、豊田合成、日本通運、ニフティー、日立、マイクロソフト、松坂屋、パナソニック電工、PASONAグループ、マンパワー・ジャパン、三菱化学、三菱重工、ワコールなど、多くの著名企業での研修実績を持つ。エグゼクティブ・コーチングや講演活動などでも活躍する。教材・教育システム開発、著書も多数。

〔著書〕
『「教え方」教えます』産業能率大学出版部（2008年）
『仕事力を今すぐ2倍に高める技術』幸福の科学出版（2008年）
『「コンサルティング・セールス」のすべてがわかる』産業能率大学出版部（2009年）
『プレゼンテーションの技術』産業能率大学出版部（2010年）
『社会人のための伝える力』産業能率大学出版部（2013年）

Perfect「ビジネスコミュニケーション」
―超実践！　これで仕事の達人になれる―　〈検印廃止〉

著　者	荒巻基文　　©Motofumi Aramaki, Printed in Japan 2009.
発行者	坂本清隆
発行所	産業能率大学出版部
	東京都世田谷区等々力6-39-15　〒158-8630
	（電話）03（6432）2536
	（FAX）03（6432）2537
	（振替口座）00100-2-112912

2009年3月29日　初版1刷発行
2024年2月15日　　　16刷発行
2024年12月1日　第2版1刷発行

印刷所／渡辺印刷　製本所／協栄製本

（落丁・乱丁本はお取り替えいたします）　　　　ISBN978-4-382-05604-6